Verena Hafner
Anna-Lena Kühler

Geschichtensäckchen

Alle **GEFÜHLE** sind okay!

Geschichten und **Reime**
für Kita-Kinder von 3–6 Jahren

Verlag an der Ruhr

Impressum

Titel: Geschichtensäckchen – Alle Gefühle sind okay!
Geschichten und Reime für Kita-Kinder von 3–6 Jahren

Autorin: Verena Hafner

Umschlag- und Innenillustrationen: Anna-Lena Kühler,
außer: © baldyrgan – Shutterstock.com (Icon Mini & Icon Maxi),
© Zoya Zhuravliova – Shutterstock.com (Icon Triggerwarnung)

Lektorat: Corina Altmann

Satz und Layout: ebene N, Mülheim an der Ruhr

Druck: Athesia Druck GmbH, Bozen, IT

Verlag an der Ruhr
Mülheim an der Ruhr
www.verlagruhr.de

Geeignet für Kita-Kinder von 3–6 Jahren

ISBN 978-3-8346-6441-9

Inhaltsverzeichnis

GEFÜHLSGESCHICHTEN

Vorwort

Freude, Wut, Traurigkeit, Angst – in der Kindheit entfaltet sich das komplette Spektrum der Gefühlspalette. Gefühle in all ihrer Bandbreite wahrzunehmen und kennenzulernen, ist wichtig für eine gesunde emotionale Entwicklung. Doch in manchem Moment können die Gefühle ganz schön intensiv und vielleicht überfordernd für die kleine Seele sein. In den Händen von Eltern und Erzieher*innen[1] liegt es, Kindern in allen Gefühlslagen zur Seite zu stehen. Das heißt vor allem, in Alltagssituationen die vielfältigen Emotionen feinfühlig und geduldig zu begleiten. Zusätzlich können Sie Gefühle in Ihrer Kita-Gruppe auch konkret zum Thema machen ... aber wie?

Gefühle im Kindergarten thematisieren

Kinder lieben Geschichten. Geschichten laden dazu ein, in neue Welten einzutauchen und sich in andere Rollen und Charaktere hineinzuversetzen. Gleichzeitig ermöglichen sie es, einen Bezug zur eigenen Lebenswelt herzustellen und an persönliche Erfahrungen anzuknüpfen. Geschichten und Reime rund um Gefühle bieten also wunderbare Anlässe, um mit Kindern Gefühle zu thematisieren und zu reflektieren.

Gefühlsgeschichten im Säckchen

Mit unseren 26 Geschichtensäckchen lassen Sie einen bunten Strauß an Gefühlsgeschichten lebendig werden – immer nah an der Lebensrealität und den Themen von Kindern im Alter zwischen drei und sechs Jahren!

Ob Drache Drops, der Angst vor dem Schulbeginn hat, oder Sibel, die wütend ist, weil Malik ihren Turm umgestoßen hat – durch die Materialien im Säckchen werden die Geschichten und Reime ganzheitlich erfahrbar. So tauchen Ihre Kinder spielerisch und altersgerecht in die Welt der Gefühle ein.

---

[1] Der Verlag an der Ruhr legt großen Wert auf eine geschlechtergerechte und inklusive Sprache. Daher nutzen wir bevorzugt das Gendersternchen, um sowohl männliche und weibliche als auch nichtbinäre Geschlechtsidentitäten einzuschließen. Alternativ verwenden wir neutrale Formulierungen.

Im Fokus

Das gesamte Spektrum der Gefühle ist breit und facettenreich. Für die Geschichtensäckchen habe ich deshalb einige zentrale Bereiche ausgewählt, die für den Alltag in der Kita besonders relevant sind:

- Freude und Glück
- Wut und Ärger
- Traurigkeit und Enttäuschung
- Angst und Unsicherheit
- Mut und Stolz
- Eifersucht und Neid
- Scham und Schuld

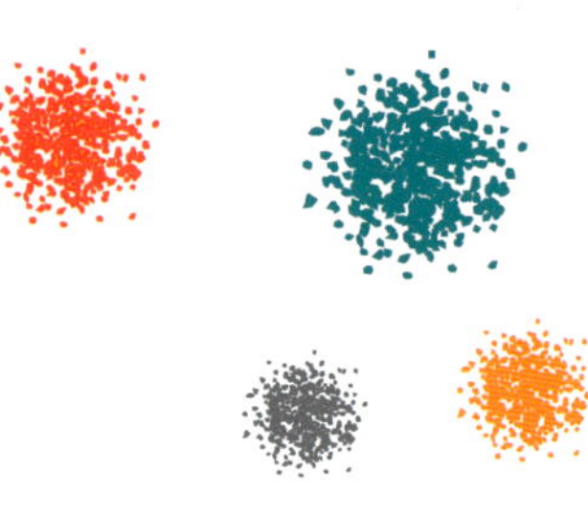

Ich wünsche Ihnen und Ihrer Gruppe viel Freude beim Erzählen der Geschichten und beim gemeinsamen Entdecken vielfältiger Gefühle!

Ihre Verena Hafner

Zusatzmaterialien digital

Unter folgendem Link erhalten Sie nicht nur alle Materialien aus dem Buch (Gefühlsuhr und Gefühlskarten, S. 97 f.), sondern zusätzlich auch zu jeder Geschichte die Hauptfigur als illustrierten Aufsteller zum Spielen bzw. als Anhänger für die Geschichtensäckchen.

Ihr persönlicher Zugang[2]:
cloud.verlagruhr.de/lerninhalt/Q92YNBdlj237/

Wenn Sie die Materialien auf Ihrem mobilen Endgerät (Handy, Tablet) aufrufen möchten, scannen Sie den abgebildeten QR-Code.

[2] Bitte beachten Sie, dass der angegebene Link und der QR-Code ihre Gültigkeit verlieren können.
Sollten Sie Schwierigkeiten beim Öffnen der Dateien haben, wenden Sie sich bitte an: digitaleslernen@verlagruhr.de

1

Von Autonomie und Wackelzähnen – emotionale Entwicklung im Kindergartenalter

Starke Gefühle

Kinder sind sehr **emotionale Wesen**. Während wir Erwachsenen aufgrund unserer Sozialisierung und Erziehung unsere Gefühle oft unterdrücken und ignorieren, sind Kinder noch sehr stark mit sich selbst und ihren emotionalen Anteilen verbunden. Überschäumende Freude und Begeisterung ebenso wie heftige Frustration und Wut – sie fühlen aus tiefstem Herzen und mit ihrem ganzen Körper.

Was Kinder allerdings noch lernen dürfen, ist der **Umgang mit ihren Gefühlen**. Dazu gehört, Gefühlsempfindungen einzuordnen, zu benennen, zu verstehen und schließlich auch konstruktiv damit umzugehen. Dafür brauchen sie Unterstützung und **feinfühlige Begleitung** durch ihre Bezugspersonen. In ihrer Hand liegt es, hinter das kindliche Verhalten zu blicken, zugrunde liegende Gefühle und Bedürfnisse zu erkennen und zu verbalisieren sowie gemeinsam mit den Kindern **Strategien zum Umgang** mit Gefühlen jeder Art zu entdecken.

Erwarten Sie hier jedoch keine allzu schnellen Sprünge: Die emotionale Entwicklung ist ein **langjähriger, komplexer Prozess**! Im Kita-Alltag brauchen Sie viel Geduld und Einfühlungsvermögen, um immer wieder achtsam auf die Kinder und ihre individuellen Gefühle einzugehen.

Die Autonomiephase

Himmelhoch jauchzend und zu Tode betrübt – in ihren ersten Lebensjahren erleben Kinder sehr viele intensive Gefühle. Manches Gefühl ist noch unbekannt und kann in seiner Wucht und Plötzlichkeit die kleine Seele schon einmal überfordern – willkommen in der Autonomiephase!

Bereits ab dem zweiten Lebensjahr bis weit ins vierte Lebensjahr hinein streben Kinder immer mehr nach **Abgrenzung**. Sie wollen alles ohne Hilfe tun und selbst entscheiden, entwickeln ihren **eigenen Willen** und erleben ihre Selbstwirksamkeit. Dieses Streben nach Autonomie geht einher mit **starken Gefühlen** – vor allem, wenn die Pläne des Kindes durchkreuzt werden. Dann machen sich Frust, Wut und Ärger breit – und das teils sehr plötzlich und unerwartet. Diese heftigen, noch unbekannten Gefühle überfordern das Kind und führen zu einer Art emotionalem Kurzschluss. Vielleicht wirft sich das Kind weinend und schreiend auf den Boden, tritt, spuckt oder schlägt um sich. Was wir allzu oft als Trotz interpretieren, ist jedoch **emotionale Überforderung**!

Kindern das vermeintlich widerständige Verhalten abgewöhnen zu wollen, ist wenig hilfreich. Es lehrt sie nur, ihre Gefühle zu unterdrücken, was diese meist noch mächtiger werden lässt. Es geht also vielmehr darum, Gefühlsstürme tröstend und **verständnisvoll zu begleiten** und den Kindern zu helfen, ihre Gefühle einzuordnen und zu kanalisieren. Mit jeder feinfühlig begleiteten Situation wird die emotionale Überforderung langfristig abnehmen!

Aha!

Heute sprechen wir nicht mehr von der „Trotzphase", sondern von der „Autonomiephase". Nicht Trotz und Widerstand, sondern Ablösung und Autonomie sind wesentlich für diese wichtige Entwicklungszeit. Die eigene Selbstwirksamkeit zu erleben, ist ein zentraler Meilenstein der kindlichen Entwicklung.

Die Wackelzahnpubertät

Der Autonomiephase folgt mit der sogenannten „Wackelzahnpubertät", grob im Alter zwischen fünf und sieben Jahren, der nächste große Entwicklungsschritt: Die Kinder **wachsen** und entwickeln sich sowohl körperlich als auch geistig sehr schnell. Sie wollen mehr denn je **eigene Entscheidungen** treffen: „Ich bin doch kein Baby mehr!" Ihre Welt verändert sich und will neu sortiert werden. Vieles dürfen sie jetzt schon eigenständig tun – allerdings wird auch vieles von ihnen als Vorschulkindern erwartet.

Die Kinder spüren die **Veränderungen und Erwartungen**, die auf sie zukommen: Das unbekannte Abenteuer „Schule" ist spannend, kann aber auch **Verunsicherung, Ängste und Überforderung** auslösen. Deshalb sind Kinder in dieser Lebensphase oft gereizt und launisch, meckern, schimpfen oder provozieren gern. Stimmungsschwankungen sind an der Tagesordnung und starke Wutausbrüche nicht ungewöhnlich. Gleichzeitig sind die Kinder sehr sensibel und haben ein besonderes Bedürfnis nach **Nähe, Liebe, Schutz und Geborgenheit**. Nicht umsonst heißt es: Wackeln die Zähne, so wackelt die Seele!

Was Kinder in dieser Zeit brauchen, sind verständnisvolle, geduldige Erwachsene, die ihnen **Freiheiten**, vor allem aber auch **Halt geben**. Nehmen Sie die Kinder in ihren Gefühlslagen ernst, begegnen Sie ihnen auf Augenhöhe und suchen Sie gemeinsam mit ihnen nach Lösungen. Übertragen Sie ihnen neue Verantwortung und Aufgaben, sorgen Sie aber gleichzeitig mit Routinen und Ritualen für Struktur, Beständigkeit und Sicherheit.

Alle Gefühle sind okay!

Freude, Glück oder Stolz – damit lässt sich umgehen, oder? Doch wie ist es mit Wut, Frust, Trauer oder Eifersucht? Wir Erwachsenen neigen dazu, vermeintlich negative Gefühle von Kindern möglichst rasch abstellen zu wollen, damit das Kind wieder lacht. Denn fröhliche Kinder sind leichter zu händeln als wütende. Starke **Gefühle auszuhalten**, fällt schwer. Und gerade im vollen Kita-Alltag fehlt oft auch einfach die Zeit, um geduldig darauf einzugehen.

Dabei ist es für die emotionale Entwicklung essenziell, dass alle Gefühle ihren Raum haben und „erlaubt" sind. **Gefühle wollen gefühlt werden!** Nur so kann sich das kindliche Nervensystem wieder regulieren. Unterbundene und unterdrückte Gefühle setzen sich in uns fest und blockieren uns. Für Kinder ist es also grundlegend wichtig, sich mit allen Gefühlen **angenommen, akzeptiert und geliebt** zu fühlen. Schließlich wollen wir sie zu emotional kompetenten und resilienten Menschen heranwachsen sehen, die all ihre Gefühle zulassen, einordnen, aushalten und bewältigen können.

Aha!

Es gibt keine falschen oder schlechten Gefühle! Auch Wut, Frustration oder Traurigkeit gehören zum Leben dazu. Angemessene Verhaltensstrategien, um Gefühle auszuleben, dürfen Kinder allerdings noch erlernen – mit erwachsener Unterstützung!

2

Freude, Wut, Angst – Gefühle im Kita-Alltag gut begleiten

Feinfühlige Begleitung und Co-Regulation

Als pädagogische Fachkraft gehört es zu Ihren Aufgaben, Kinder in ihren Gefühlen feinfühlig und angemessen zu begleiten. Doch was bedeutet das eigentlich konkret?

Im Kleinkindalter sind Kinder auf die Co-Regulation durch ihre Bezugspersonen angewiesen, wenn sie mit starken Gefühlen konfrontiert sind. Sie haben noch keine Strategien, um die eigenen Gefühle zu lenken, und brauchen **Unterstützung durch einfühlsame Erwachsene**, die ihnen zur Seite stehen. Doch auch im Kindergartenalter verfügen Kinder noch nicht über die nötige Gehirnreife, um sich komplett selbst zu regulieren. Sie sind weiterhin auf ihre Bindungspersonen angewiesen, die ihnen helfen, sich zu **beruhigen und Stress abzubauen**. Schlüssel hierfür sind vor allem Kommunikation, Einfühlung, Verständnis und Trost! Mit jeder **positiven Erfahrung** lernen Kinder, auch unangenehme Gefühle auszuhalten und sich selbst mehr und mehr zu regulieren.

Wichtig!

Ziel von Co-Regulation ist nicht, Kinder möglichst schnell zu beruhigen. Es geht darum, sie mit ihren starken Gefühlen nicht allein zu lassen und sie einfühlsam durch die Gefühle hindurch zu begleiten.

1. Gefühle annehmen

Geben Sie jedem Gefühl eines Kindes Raum. Ihre Aufgabe ist es nicht, vermeintlich negative, störende Gefühle zu unterbinden, auch wenn es gut gemeint ist. Bevor Sie versuchen, ein Gefühl in Bahnen zu lenken, gilt es zunächst, es **zuzulassen** – das ist die notwendige Basis, um es regulieren zu lernen!

Aha!

Gefühle von Kindern anzunehmen, bedeutet nicht, das daraus resultierende Verhalten zu akzeptieren. In Bezug auf den Ausdruck der Gefühle (z. B. Schlagen, Schreien) gilt es weiterhin, notwendige Grenzen zu setzen. Wut zu verspüren, ist okay – sich aggressiv zu verhalten nicht! Kinder dürfen lernen, ihre Gefühle verantwortungsvoll und auf sozial akzeptable Weise auszudrücken.

2. Verhalten verstehen

Versuchen Sie, hinter die Fassade zu blicken! Jedes Verhalten hat einen Grund. Hinter jedem Verhalten stecken **Gefühle und Bedürfnisse**. Diese gilt es, mit Empathie und Einfühlungsvermögen herauszufinden oder zu erahnen, denn nicht immer können Kinder in Worte fassen, was sie bewegt. Ihr Versuch, die Beweggründe des Kindes nachzuvollziehen, ist die Basis für weitere Schritte.

3. Gefühle spiegeln

Verbalisieren Sie die Gefühle des Kindes. Hier geht es noch nicht darum, eine Lösung zu finden. Sprechen Sie einfach aus, **was Sie beobachten können**: *Du ärgerst dich, dass du nicht mehr weiterspielen darfst, oder? Ich sehe, dass du ganz schön wütend bist.* Oder: *Oje, du bist von der Wippe gefallen. Da bist du aber ganz schön erschrocken.* So lernt das Kind, seine Gefühle einzuschätzen und zu benennen. Außerdem erfährt es, dass Sie es mit seinen Gefühlen sehen, ernst nehmen und verstehen.

4. Unterstützung anbieten

Bieten Sie dem Kind Ihre Unterstützung an. Möchte es getröstet werden? **Braucht es jemanden**, der es in den Arm nimmt, Tränen trocknet, Sicherheit schenkt, Freude teilt, ein offenes Ohr hat? Braucht es ein Gegenüber für ein Gespräch oder ein Sprachrohr gegenüber anderen Kindern? Oder vielleicht auch jemanden, der einfach nur da ist?

5. Lösungen und Strategien reflektieren

Reflektieren Sie die Situation gemeinsam mit dem Kind in einem **Gespräch**. Gerade wenn die Gefühle sehr stark waren, z. B. während eines Wutausbruchs, warten Sie damit, bis sich der Gemütszustand beruhigt hat. Es gilt: **Emotion vor Kognition!** Wird ein Kind von sehr starken Gefühlen übermannt, ist der Verstand im Stand-by-Modus. Dann können Sie das Kind mit Ratschlägen, Zurechtweisungen und Erklärungen nicht erreichen. Erst wenn es sich beruhigt hat, am besten **mit etwas zeitlichem Abstand**, ist es sinnvoll bzw. möglich, auf kognitiver Ebene ins Gespräch zu gehen: *Wie hast du dich gefühlt? Was war der Auslöser? Wie hättest du dich anders verhalten können? Was kann dir helfen, wenn du dich so fühlst?*

Freude und Glück

Nur allzu leicht rutscht unser Fokus auf die zunächst eher unangenehmen Gefühle. Dabei ist es ebenso wichtig, angenehme Gefühle wie Freude, Glück oder Dankbarkeit **bewusst wahrzunehmen**! Wenn Sie merken, dass ein Kind sich über oder auf etwas freut, gehen Sie darauf ein. Zeigen Sie **Interesse**, nehmen Sie **Anteil** und schaffen Sie der Freude einen **Raum**! Fragen Sie, auch ohne konkreten Anlass, immer wieder einmal nach: *Worüber freust du dich? Was macht dich glücklich? Wofür bist du dankbar?*

Statt:	Besser:
Nun hör doch mal auf, so zu zappeln!	Du bist aufgeregt, oder? Freust du dich schon so auf unseren Ausflug in den Wald?
Toll gemacht!	Wow, jetzt hast du so lange geübt und heute hast du es geschafft, bis ganz oben zu klettern!
-	Mir fällt auf, dass du heute so strahlst … Hat das einen besonderen Grund?
-	Du bist glücklich, dass deine Oma gerade zu Besuch ist und dich heute abholt – kann das sein? Möchtest du deiner Oma ein schönes Bild malen?

Praxistipp **Glück im Glas**

Sammeln Sie mit den Kindern regelmäßig Glücksmomente! Dafür darf jedes Kind ein Schraubglas gestalten, z. B. mit Schmucksteinen bekleben oder mit Acrylfarben bemalen. In diesem Glas sammelt das Kind nun mit Ihrer Unterstützung kleine Zettel, auf denen Glücksmomente notiert oder aufgemalt sind.
Auch kleine Fotos sind möglich. Fragen Sie dazu regelmäßig nach und lassen Sie das Kind erzählen.

Wut und Ärger

Wenn Kinder wütend sind, legen sie manchmal ein Verhalten an den Tag, das uns an unsere Grenzen bringt. Die einen schirmen sich ab und halten sich die Ohren zu, wenn wir mit ihnen sprechen wollen – die anderen toben, weinen, schreien, schimpfen oder schlagen um sich. Oft steckt hinter der Wut viel mehr: Verzweiflung, Hilflosigkeit, Trauer, Enttäuschung, Schmerz. Ein Kind im Gefühlsausbruch befindet sich in einem emotionalen Ausnahmezustand. Es ist in Not. Entsprechend braucht es keine Zurechtweisung oder Strafe, sondern **Verständnis und Unterstützung**.

Wut gilt es auszuhalten und zu verstehen: Was steckt dahinter? Lassen Sie ein Kind nicht allein wüten, sondern bleiben Sie präsent. Falls das Kind seine Wut sehr körperlich ausagiert, also z. B. um sich schlägt, heißt es: **Grenzen setzen**, um sich selbst, das Kind und andere Kinder zu schützen! Es liegt in Ihrer Verantwortung, dass niemand zu Schaden kommt. Wenn möglich, nehmen Sie das Kind aus der Situation heraus und schirmen Sie es in einer ruhigen Ecke ab. Bleiben Sie selbst möglichst ruhig und geben Sie den Gefühlen Raum. Reden Sie nicht zu sehr auf das Kind ein, denn im Gefühlssturm kommen Ihre Worte nicht an. Hilfreicher kann es dann sein, das Kind dabei zu begleiten, seine **Gefühle herauszulassen**. Vielleicht ist es möglich, Alternativen anzubieten, um die Wut zu kanalisieren.

Praxistipp Schütteln, stampfen, brüllen

Körperliche Bewegung hilft, starke Anspannung und Stress abzubauen. Manchmal können Wutimpulse umgelenkt werden durch: fest aufstampfen, alle Körperteile schütteln, in ein Kissen boxen, Papier zerreißen, in einen Plastikeimer brüllen … Einen Versuch ist es wert! Vielleicht braucht das Kind aber auch einfach eine feste Umarmung und Trost.

Legt sich der Sturm, können Sie mit dem Kind in die Verbindung kommen. Bieten Sie **Körperkontakt und Trost** an, falls das Kind dafür offen ist. Gehen Sie ins **Gespräch**: *Da warst du gerade ganz schön wütend. Was ist passiert? Worum ging es wirklich? Wie hat sich das für dich angefühlt? Wie hättest du dich anders verhalten können? Was kannst du tun, wenn die Wut kommt? Was brauchst du dann?* Wenn Sie das Problem verstehen, das hinter der Wut steckt, können Sie in der nächsten ähnlichen Situation direkt darauf eingehen.

Wichtig!

Nehmen Sie das Verhalten des Kindes nicht persönlich! Das Kind will Sie nicht tyrannisieren oder manipulieren. Es hat einfach noch keinen anderen Weg, um mit seinen starken Gefühlen umzugehen. Impulskontrolle und Gefühlsregulation müssen noch reifen. Dafür braucht das Kind Ihre Unterstützung!

Statt:	Besser:
Schrei nicht so laut, das stört die anderen Kinder!	Du bist aber ganz schön wütend. Was würde dir jetzt helfen, damit du dich besser fühlst?
Wenn du jetzt nicht sofort aufhörst, ist das Spiel für dich beendet!	Ich bin für dich da. Möchtest du, dass ich dich in den Arm nehme?
Schluss damit, bei uns wird nicht geschlagen!	Stopp! Es ist okay, wütend zu sein. Aber ich möchte nicht, dass du schlägst.

Traurigkeit und Enttäuschung

Kinder zeigen ihre Traurigkeit und Enttäuschung meist ganz offen, indem sie weinen. Wir neigen dann dazu, sofort Ablenkung oder eine Lösung finden zu wollen, um das Weinen zu stoppen. Dabei sind Tränen nicht nur völlig okay, sondern auch ein sinnvolles Ventil, um Erlebnisse und Gefühle zu verarbeiten. Halten Sie es deshalb guten Gewissens aus, wenn ein Kind weint. Seien Sie **präsent** und schenken Sie Ihre **Zuwendung**. Das eine Kind möchte vielleicht Körperkontakt und tröstende Worte, während ein anderes eher Ruhe und Raum für sich braucht. Zeigen Sie dem Kind jedenfalls, dass Sie jederzeit ein **offenes Ohr** haben und an seiner Seite sind. Beobachten Sie Ihre Schützlinge aufmerksam: Ein Kind, das weint, braucht offensichtlich Trost. Aber auch ein Kind, das sich still in sich zurückzieht, braucht womöglich Ihre Unterstützung.

Statt:	Besser:
Das ist doch kein Grund, zu weinen!	Oje, du bist gerade sehr enttäuscht. Das verstehe ich!
Du brauchst doch nicht zu weinen. Schau mal, hier ist dein Lieblingsauto!	Ja, ich weiß, du vermisst deine Mama. Ich bin für dich da. Soll ich dich in den Arm nehmen?
Alles gut, nichts passiert!	Hast du dir wehgetan? Komm, ich tröste dich. Soll ich pusten?
Beruhige dich bitte ... Du gehörst doch schon zu den Großen!	Was brauchst du jetzt? Was könnte helfen, damit es dir besser geht?

Praxistipp Sorgen, adieu!

Basteln Sie mit den Kindern einen Sorgenfresser: Ein Schuhkarton wird mit einem Gesicht bemalt, der Mund wie ein Briefkastenschlitz ausgeschnitten. Hat ein Kind Sorgen oder Nöte, kann es sie auf einen Zettel malen oder mit Ihrer Hilfe aufschreiben – und dann vertrauensvoll dem Sorgenfresser übergeben!

Angst und Unsicherheit

Kindliche Ängste scheinen uns oft irrational und wenig nachvollziehbar. Gerade in der sogenannten „magischen Phase", im Alter von etwa zwei bis fünf Jahren, verschwimmen für Kinder die Grenzen zwischen Realität und Fantasie. Alles ist möglich: ein Monster hinter dem Schrank ebenso wie der Schatten einer gruseligen Hexe an der Wand. Bewerten und schmälern Sie Ängste nicht, sondern nehmen Sie sie ernst. Denn für ein Kind sind seine Ängste sehr real. Helfen Sie dem Kind, über seine Ängste zu sprechen, indem Sie **Empathie schenken** und einfühlsam **Fragen stellen**. Ermutigen Sie zur Auseinandersetzung mit der Angst. Falls das Kind körperliche Nähe möchte, kann das zusätzlich zur Entspannung beitragen. Gemeinsam machen Sie sich auf den Weg, Strategien zu entwickeln, die dem Kind **Sicherheit geben**. Auch kann es hilfreich sein, von Ihren eigenen Ängsten und Ihrem Umgang damit zu erzählen.

Ängstigt sich das Kind beispielsweise vor Wasser, so kann eine vorsichtige, schrittweise Konfrontation helfen, z. B. zunächst mithilfe einer Wasserwanne und Wasserspielzeug. Wenn es um die Angst vor einem imaginären Monster hinter dem Schrank geht, hilft vielleicht ein erfundenes Monster-Abwehr-Spray in einem kleinen Fläschchen oder ein gereimter Zauberspruch. Schauen Sie gemeinsam mit einer Taschenlampe hinter den Schrank und vertreiben Sie das Monster. **Größere Themen**, wie z. B. Trennungs-, Verlust- oder auch Schulangst, erfordern natürlich mehr Aufmerksamkeit. Manche Angst verschwindet mit zunehmender Entwicklung von selbst. Fallen Ihnen jedoch andauernde, beeinträchtigende Ängste bei einem Kind auf, sollten entsprechende Expert*innen hinzugezogen werden.

Wichtig!

Gefühle, so auch Ängste, sollten nie kleingeredet oder verleugnet werden. Sonst lernt das Kind, dass seine Gefühle nicht richtig sind und es seiner Wahrnehmung nicht trauen kann.

Statt:	Besser:
Du brauchst keine Angst zu haben. Alles ist gut!	Ich merke, das macht dir Angst. Soll ich deine Hand halten?
Ach, komm… Es ist doch gar nichts passiert!	Das war aber laut. Du bist ganz schön erschrocken, oder?
In der Schule wird es dir gefallen, du wirst schon sehen!	Du machst dir Sorgen, was in der Schule auf dich zukommt, oder? Lass uns doch gemeinsam überlegen, was dir helfen könnte!

Praxistipp **Mut für die Hosentasche**

Ein kleiner Mutmacher zum Mitnehmen kann helfen, mit Ängsten umzugehen: Jedes Kind darf sich einen Mutstein für die Hosentasche aussuchen, z. B. einen mit Acrylfarbe bemalten Naturstein oder einen großen Glasstein in einer schönen Farbe. Hauptsache, er fühlt sich angenehm an und passt in die Hosentasche. Wenn das Kind Angst hat oder unsicher ist, kann es den Stein in die Hand nehmen und den Mut und die Energie spüren, die von ihm ausgehen!

Zehn Spielideen rund um Gefühle

Die folgenden Spiele und Angebote dienen als Inspiration, sich in der Kita-Gruppe spielerisch mit Gefühlen auseinanderzusetzen. Wählen Sie aus, was am besten zu Ihren Abläufen und zu Ihrer Gruppe passt!

1. Gefühlsuhr

Machen Sie jeden Tag zu einem festgelegten Zeitpunkt (z. B. Morgenkreis) einen Gefühls-Check in der Gruppe. Dazu wird reihum jedes Kind gefragt: *Wie fühlst du dich heute? Warum?* Jedes Kind darf in sich hineinspüren, berichten und die Gefühlsuhr (siehe S. 97) entsprechend einstellen. So lernen die Kinder, ihre Gefühle bewusst wahrzunehmen und in Worte zu fassen. Gleichzeitig erfahren sie etwas über das Gefühlsleben der anderen und entwickeln Mitgefühl. Unterstützen Sie die Kinder bei Bedarf sprachlich. *Was brauchst du, damit es dir besser geht?* Auch für die Einzelarbeit ist die Gefühlsuhr ein sehr hilfreiches Instrument.

Praxistipp **Mit oder ohne Zeiger?**

Basteln Sie aus der Vorlage (S. 97) eine Gefühlsuhr. Für die Gruppenarbeit kommt nur die Scheibe zum Einsatz, an der die Kinder personalisierte Wäscheklammern befestigen, um ihre Gefühle zu markieren. Für die Einzelarbeit bringen Sie mit einer Musterbeutelklammer den Zeiger an.

Wichtig!

Freiwilligkeit ist oberstes Gebot: Akzeptieren Sie es, wenn ein Kind sich nicht äußern will oder nicht weiß, wie es sich gerade fühlt.

2. Gefühlskarten

Die Frage *Wie fühlst du dich heute?* kann auch mithilfe von Gefühlskarten (siehe S. 99 f.) beantwortet werden. Die Kinder sitzen im Kreis und ziehen reihum aus den vorhandenen Karten diejenige, die ihr aktuelles Gefühl widerspiegelt. Dazu benennen und begründen sie ggf. ihr Gefühl. Statt mit fertigen Karten zu arbeiten, können Sie auch Fotos der Kinder mit verschiedenen Gefühlsausdrücken aufnehmen und so individuelle Karten erstellen.

Um die Gefühlskarten einzuführen, wählen Sie anfangs nur etwa drei oder vier davon aus und gehen Sie jede Karte mit den Kindern durch: *Was glaubt ihr, welches Gefühl hier abgebildet ist? Woran erkennt ihr das? Was könnte der Grund dafür sein? Habt ihr euch auch schon einmal so gefühlt?* Die Karten bieten eine gute Grundlage, um Gefühle zu erkennen, zu benennen und über eigene Gefühlserfahrungen zu sprechen.

Praxistipp Gefühlssäckchen

Die Karten bewahren Sie in einem Gefühlssäckchen, also einem schlichten Stoffbeutel mit Kordelzug auf, den Sie im Gruppenraum aufhängen. Bei Bedarf, z. B. auch in der Einzelarbeit, können die Kinder darauf zugreifen.

3. Gefühlsfotos

Woran erkennen wir bestimmte Gefühlslagen? Wie zeigt sich in der Mimik, ob jemand fröhlich, traurig oder wütend ist? Regen Sie die Kinder dazu an, mit ihrem Gesichtsausdruck verschiedene Gefühle darzustellen, und fotografieren Sie sie dabei. Damit sie sich in verschiedene Gefühle hineindenken können, nennen Sie konkrete Beispielsituationen: *Stell dir vor, dein liebstes Kuscheltier geht verloren. Wie fühlst du dich dann? Und wie sieht dein Gesichtsausdruck aus?* Sind die Fotos ausgedruckt, legen Sie die Gefühlskarten (S. 99 f.) in die Kreismitte. Die Kinder ziehen reihum ein Foto, benennen das dargestellte Gefühl und ordnen es der entsprechenden Karte zu.

Praxistipp Vielfältige Einsatzmöglichkeiten

Die Fotos, die in der Gruppe entstehen, eignen sich nicht nur für allerlei Memo- und Ratespiele, sondern können auch ein kleines Gefühlsalbum bilden oder in den Portfolios der Kinder verwendet werden.

4. Gefühlspantomime

Mit Gesichtsausdrücken können die Kinder Gefühlspantomime spielen: Reihum ziehen sie je eine Gefühlskarte (S. 99 f.) und stellen das abgebildete Gefühl pantomimisch dar. Unterstützend lassen Sie das Kind, das an der Reihe ist, in einen Handspiegel schauen. Die anderen Kinder raten, um welches Gefühl es gerade geht. Einfacher ist die Gefühlspantomime, wenn zusätzlich Geräusche erlaubt sind. Am besten konzentrieren Sie sich zunächst auf einige wenige Grundgefühle: Freude, Wut, Traurigkeit, Angst, Stolz.

Praxistipp **Gefühle im Spiegel**

Alle Kinder stellen vor einem großen Wandspiegel Gefühle pantomimisch dar: *Wie seht ihr aus, wenn ihr z. B. glücklich seid?*

5. Gefühlsmemo

Die Gefühlskarten (S. 99 f.) eignen sich auch wunderbar für ein Memospiel: Doppelt kopiert und laminiert, werden sie verdeckt auf dem Tisch ausgelegt. Reihum ziehen die Kinder je zwei Karten und benennen die abgebildeten Gefühle. Bilden die Karten ein Pärchen, dürfen sie behalten werden. Nutzen Sie das Spiel auch zum Austausch: *Welches Gefühl ist hier dargestellt? Habt ihr euch auch schon einmal so gefühlt? Wie habt ihr euch dann verhalten? Was hätte euch geholfen?*

Praxistipp **Memo in Bewegung**

Das Gefühlsmemo können Sie auch in einer bewegten Variante spielen: Jedes Kind zieht eine der zweifach kopierten Gefühlskarten, läuft durch den Raum und drückt dabei das abgebildete Gefühl mit Mimik und Gestik aus. Aufgabe ist, das Partnerkind zu finden, das dasselbe Gefühl darstellt.

6. Gefühlscollage

Aus alten Illustrierten und Prospekten schneiden die Kinder Gesichter aus. Besprechen und benennen Sie gemeinsam: *Welche Gefühle sind in den Gesichtern zu erkennen?* Anschließend können die Bilder nach Gefühlen sortiert werden.

7. Gefühlskunst

Gefühle lassen sich vielfältig umsetzen und zum Ausdruck bringen. Werden Sie kreativ: Lassen Sie die Kinder in freier Bewegung darstellen, wie sich z. B. Freude oder Wut anfühlen. Stellen Sie große Papierbögen, Wasser- oder Fingerfarben und Pinsel zur Verfügung: Wie lassen sich Glück oder Angst mit Farben malerisch ausdrücken? Oder bereiten Sie einige Musikinstrumente vor, z. B. Glockenspiel, Trommel, Rasseln oder Glöckchen: Wie klingen Traurigkeit oder Wut? So können die Kinder auf ganz unterschiedliche und individuelle Art Gefühle ausdrücken und kreativ ausleben.

8. Glücksball

Die Kinder sitzen im Kreis. Ein Kind beginnt und teilt einen persönlichen Glücksmoment mit der Gruppe: *Ich bin glücklich, wenn ...* Dann ruft es ein zweites Kind auf, indem es diesem einen Ball zurollt. Dieses wiederholt nun: *Du bist glücklich, wenn ...* und formuliert dann seinen eigenen Glücksmoment: *Ich bin glücklich, wenn ...* Das Spiel endet, sobald alle zu Wort gekommen sind. Die Fragestellung können Sie variieren, sodass die Kinder von schönen Erlebnissen, lustigen Momenten etc. berichten.

9. Gefühlslauf

Bei diesem Bewegungsspiel spazieren, laufen und springen die Kinder zu instrumentaler Musik frei im Raum umher. Immer wieder schalten Sie die Musik aus und rufen den Kindern ein Gefühl zu. Auf dieses Signal hin bleiben die Kinder stehen und „frieren" in dem genannten Gefühl ein, zeigen es also in Mimik, Gestik und Körperhaltung und verharren so einen Moment lang. Sobald die Musik weiterläuft, bewegen sich auch die Kinder wieder weiter.

10. Gefühlstalk

Regen Sie die Kinder immer wieder dazu an, ihre Gefühle in Worte zu fassen und mit anderen zu teilen. Singen Sie gemeinsam folgende kurze Liedzeile und rufen Sie dann ein Kind auf. Dieses darf, wenn es möchte, von seinen Gefühlen erzählen. Dann wird wieder das Lied angestimmt und das Kind darf ein weiteres Kind aufrufen, das nun von sich erzählt. Ziel ist, sich einerseits die eigenen Gefühle bewusst zu machen, sie zu benennen und mitzuteilen, und andererseits sich in andere einfühlen zu lernen.

Traurig, wütend, froh,
was fühlst du heut so?

(Melodie: Summ summ summ)

Praxistipp Kleine Helfer

Fällt es den Kindern schwer, über ihre Gefühle zu sprechen, können ein Plüschtier oder eine Handpuppe zum Einsatz kommen und als Türöffner dienen.

3

Spielerisch und interaktiv – Gefühle im Säckchen

Was ist ein Geschichtensäckchen?

Das Geschichtensäckchen ist eine **kreative Methode**, um neuen Schwung in das **Erzählen und Vorlesen** zu bringen. Dafür wird ein Stoffbeutel mit Spielfiguren und Materialien befüllt, anhand derer sich eine Geschichte begleiten und darstellen lässt. Nach und nach werden die Requisiten aus dem Säckchen geholt und erwecken die Geschichte spielerisch zum Leben. So visualisieren Sie die Erzählinhalte, aktivieren die Kinder zum Mitmachen und fördern sie vielfältig:

Sprachförderung

Das Vorlesen und Erzählen von Geschichten ist essenziell für die kindliche Sprachentwicklung: Es schult das Hörverstehen, erweitert Wortschatz und Begriffsverständnis, vermittelt grammatikalische Strukturen und fördert Aussprache und Ausdrucksfähigkeit. Geschichten regen einerseits zum Zuhören, andererseits zum Sprechen und Erzählen an. Sie liefern Gesprächsanlässe, um sich in der Gruppe auszutauschen und von sich selbst und den eigenen Erfahrungen zu berichten.

Ganzheitliches Lernen über die Sinne

Im Vergleich zum klassischen Vorlesen und Erzählen bietet das Geschichtensäckchen vielfältigere Sinneserfahrungen. Neben der auditiven Wahrnehmung werden durch die Materialien aus dem Säckchen auch die visuelle und die haptische Wahrnehmung der Kinder angesprochen. Das sorgt nicht nur für Spannung und Interesse, sondern zusätzlich für positive Lerneffekte: Die Inhalte der Geschichte werden greifbarer, verständlicher und prägen sich besser ein.

Motivation und Aufmerksamkeit

Mit seinem spielerischen Ansatz weckt das Geschichtensäckchen die Aufmerksamkeit, das Interesse und die Motivation der Kinder. Sie sind neugierig und gespannt, was sich in dem Säckchen verbirgt, und haben Spaß daran, mit den Materialien zu spielen und die Geschichte zu begleiten.

Aktivierung und Partizipation

Das Geschichtensäckchen sorgt für aktive Beteiligung und Auseinandersetzung: Die Kinder werden von Zuhörer*innen zu Akteur*innen! Das Vorlesen wird interaktiv gestaltet, die Kinder können sich einbringen und die Geschichte spielerisch miterleben. Mit jedem Mal werden sie sich mehr beteiligen und irgendwann vielleicht sogar die Geschichte selbst erzählen und nachspielen.

Aktive Auseinandersetzung mit Themen

Das Geschichtensäckchen regt Kinder dazu an, sich aktiv mit einem Thema auseinanderzusetzen: Mitdenken, Mitmachen und Nachspielen! Die Kinder können die thematisierten Situationen kognitiv und emotional verarbeiten und gemeinsam in der Gruppe reflektieren.

Verbindung und Austausch

Gemeinsames Erzählen, Spielen und Austauschen macht Freude und schafft Verbindung. In der Gruppe findet soziale Interaktion statt und die Bezugsperson ist mit den Kindern in engem Austausch. Somit ist das Geschichtensäckchen auch ein Element der Beziehungspflege. Durch das Nachspielen der Geschichte gelingt es den Kindern zusätzlich noch besser, sich in andere Rollen hineinzuversetzen und deren Perspektive einzunehmen.

Weitere Kompetenzen

Neben den genannten zentralen Aspekten fördern Geschichtensäckchen außerdem Fantasie und Kreativität, Konzentration und Merkfähigkeit sowie das Erleben von Selbstwirksamkeit.

Aha!

Einfache Methode, große Wirkung: Geschichtensäckchen lassen Geschichten lebendig werden und machen sie nicht nur spielerisch, sondern (inter)aktiv mit allen Sinnen erfahrbar – ein klarer Mehrwert gegenüber reinen Vorlesegeschichten!

Wie kommen die Gefühle ins Säckchen?

Dieses Buch enthält eine **bunte Auswahl an Gefühlsgeschichten**, die Sie in Säckchen verpacken und in Ihrer Kindergartengruppe einsetzen können. Die Geschichten und Reime liefern Ihnen eine vielfältige Grundlage, um mit Kindergartenkindern Gefühle altersgerecht zu thematisieren und zu reflektieren: *Welche Gefühle gibt es? Wie fühlen sie sich an? Und wie kann man konstruktiv damit umgehen?*

Materialien auswählen – Säckchen packen

In einem ersten Schritt wählen Sie eine Handvoll Gefühlsgeschichten (siehe Kap. 4) aus und machen sich inhaltlich damit vertraut. Dann befüllen Sie Säckchen mit kleinen Utensilien und Gegenständen, mit denen die Geschichten dargestellt werden können.

Die Materialien können einfache **Spiel-, Alltags- oder Bastelmaterialien** sein. Verwenden Sie entweder Dinge, die Sie sowieso in Ihrem Fundus haben, oder basteln Sie die notwendigen Gegenstände selbst. Schnell wird aus einem Bleistift und etwas Alufolie ein Zauberstab oder aus einem Eisstäbchen ein Schwert. Ebenso kann ein schlichtes, blaues Tuch das Meer darstellen oder ein rotes Tuch die Wut symbolisieren. **Werden Sie kreativ** – Kinder haben ein sehr ausgeprägtes Vorstellungsvermögen! Beim Basteln beziehen Sie die Kinder idealerweise mit ein. Ergänzend können Sie auch die Eltern nach passenden Materialien fragen oder auf dem Flohmarkt die Augen offen halten.

Praxistipp **Flexibel bleiben**

Die im Buch vorgeschlagenen Materialien für die Geschichtensäckchen können Sie natürlich variieren – je nachdem, was verfügbar oder unaufwändig zu besorgen ist! Unter Umständen lässt sich auch die Geschichte anpassen, z. B. wenn Sie andere Figuren oder Tiere verwenden wollen.

Mögliche Materialien:

- ⇨ Spielmaterial der Kinder (z. B. Tierfiguren, Boot, Murmeln)
- ⇨ Zubehör aus der Puppenecke (z. B. Pfanne, Schneebesen, Bürste)
- ⇨ Zubehör aus der Puppenstube (z. B. Stuhl, Bett, Napf)
- ⇨ Zubehör aus dem Kaufladen (z. B. Kuchen, Eier, Eis)
- ⇨ Alltagsgegenstände (z. B. Taschenspiegel, Stifte, LED-Teelichter)
- ⇨ Bastelmaterialien (z. B. Pompons, Papprolle, Fellstücke)
- ⇨ Naturmaterialien (z. B. Stein, Zweig, Baumscheibe)
- ⇨ selbst gefertigte Gegenstände und Applikationen (z. B. aus Knete, Salzteig, Holz, Filz, Tonkarton oder Moosgummi)

Säckchen gestalten

Als Säckchen eignen sich **Stoffbeutel mit einem Kordelzug**. Diese können Sie entweder selbst nähen oder einfach fertig kaufen. Passende Stoff- oder Leinenbeutel gibt es günstig zu bestellen.

Damit schon von außen sichtbar ist, welche Geschichte sich in welchem Säckchen verbirgt, gestalten Sie die Säckchen individuell. So erkennen die Kinder mit der Zeit bereits optisch, um welchen Gefühlsbereich und um welche Geschichte es sich handelt. Jedes Säckchen könnte beispielsweise ein Element der **Farbe** des jeweiligen Gefühlsbereichs (siehe S. 35) enthalten, entweder in einem einfarbigen Stoff oder in der Kordel. Indem Sie ein kleines, laminiertes Bild als Anhänger an die Kordel binden, wird zusätzlich sichtbar, welche konkrete Geschichte in dem Säckchen steckt. Dafür eignen sich die Aufsteller der Hauptfiguren, die im Downloadbereich verfügbar sind (siehe Link & QR-Code, S. 6).

Säckchen aufbewahren

Die Säckchen bewahren Sie so auf, dass sie für die Kinder sichtbar und greifbar sind. Beispielsweise können Sie im Gruppenraum eine **Holzleiste mit Haken** an der Wand anbringen und die Säckchen dort an ihrer Kordel aufhängen. Idealerweise hängen die Säckchen auf Augenhöhe der Kinder.

Geschichtensäckchen konkret im Einsatz

Die Geschichtensäckchen eignen sich sowohl für den Morgenkreis oder eine ritualisierte Erzählzeit mit der gesamten Gruppe als auch für die Arbeit in der Kleingruppe oder im Einzelsetting. Konzentrierter und individueller lässt es sich in Kleingruppen arbeiten. Am besten etablieren Sie eine **regelmäßige Erzählzeit** und wiederholen ausgewählte Geschichten mehrfach, damit die Kinder nach und nach immer aktiver mitmachen können.

Wichtig!

Kinder lieben die Wiederholung – auch wenn es für uns Erwachsene manchmal schwer auszuhalten ist. Manche Geschichten können Sie gar nicht oft genug erzählen. Mit jedem Mal entstehen neue Erfahrungen, Lerneffekte und Erfolgserlebnisse!

Setting und Atmosphäre

Schaffen Sie einen besonderen Raum für Ihre regelmäßige Erzählzeit. Vielleicht gibt es bereits eine eingerichtete Leseecke oder einen gemütlichen Morgenkreis- oder Erzählteppich. Oder Sie finden eine Nische in einem ruhigen Nebenraum, die Sie entsprechend herrichten können. Wichtig ist eine **gemütliche Sitzgelegenheit** mit angenehmem Licht, sodass sich die Kinder wohlfühlen. Außerdem sollte das Umfeld möglichst **ruhig und reizarm** sein. Je weniger Ablenkung und Geräuschkulisse, desto besser können sich die Kinder auf die Geschichte und den Austausch konzentrieren.

Säckchen auswählen

Um eine Geschichte bzw. ein Säckchen auszuwählen, gibt es zwei Optionen: Entweder wählen Sie selbst das Thema und die Geschichte aus – oder Sie lassen die Kinder entscheiden!

Vielleicht verfolgen Sie eine **inhaltliche Systematik**, z. B. dass Sie jeden Gefühlsbereich einmal thematisieren wollen. Vielleicht gibt es auch immer wieder **konkrete Anlässe**, Situationen oder Konflikte in Ihrer Gruppe, die Sie mit einer passenden Geschichte aufgreifen wollen. In diesen Fällen suchen Sie selbst ein Geschichtensäckchen für die aktuelle Erzählzeit aus.

Eine andere Variante wäre, die **Kinder wählen zu lassen**: Bewahren Sie die Gefühlskarten (S. 99 f.) zu den sieben Gefühlsbereichen, denen die Geschichtensäckchen in diesem Buch zugeordnet sind (siehe Übersicht S. 35) in einem eigenen Beutel auf. Zu Beginn der Erzählzeit lassen Sie ein Kind eine Karte daraus ziehen. Ein zweites Kind holt dann aus dem entsprechenden Gefühlsbereich ein Geschichtensäckchen von der Leiste.

Säckchen einsetzen

Kommen Sie mit den Kindern in einem gemütlichen Sitzkreis zusammen. Bevor Sie mit dem Vorlesen der Geschichte beginnen, packen Sie gemeinsam das Säckchen aus. So haben die Kinder die Gelegenheit, die **Materialien kennenzulernen**, zu benennen und zu erkunden. Anschließend packen Sie die Materialien wieder ein und die Geschichte beginnt!

Beim Vorlesen oder Erzählen holen Sie die Materialien Stück für Stück an den passenden Stellen aus dem Säckchen, um damit die **Geschichte zu begleiten**. Die jeweiligen Stellen sind in den Geschichten (Kap. 4) **fett markiert**. So entwickelt sich die Geschichte in der Kreismitte vor aller Augen. Zum Schluss werden die Materialien wieder in das Säckchen **eingepackt**. Dabei helfen die Kinder mit!

Die **Aktivität der Kinder** steigert sich nach und nach ganz von selbst. Anfangs spielen Sie die Geschichte vielleicht noch selbst vor, später steigen die Kinder – gemeinsam oder abwechselnd – mit ein und irgendwann übernehmen sie das darstellende Spiel mit den Figuren und Materialien ganz. Wenn sie die Geschichte gut genug kennen, wollen ältere Kinder vielleicht sogar selbst erzählen.

Wichtig!

Unterstreichen Sie die Gefühle, die in den Geschichten thematisiert werden, unbedingt mit Mimik und Gestik. So werden die Inhalte für die Kinder lebendiger und nachvollziehbarer!

Praxistipp **Einfaches Spielfeld**

Ein Tablett oder ein Stofftuch dienen als praktische Unterlage für das begleitende Spiel. Wie auf einem Spielfeld können Sie darauf die Materialien aus dem Säckchen ausbreiten und bespielen.

Reflexionsrunde und Austausch

Im Anschluss an die Geschichte gehen Sie mit den Kindern ins **Gespräch**: *Wie hat sich die Hauptfigur gefühlt? Hast du dich auch schon einmal so gefühlt? Was kannst du tun, wenn du dich so fühlst?* Lassen Sie die Kinder die Geschichte und anschließend auch ihre **persönlichen Erfahrungen** in der Gruppe reflektieren. Überlegen Sie gemeinsam, wie die Geschichte weitergehen könnte oder wie sich die Hauptfigur alternativ hätte verhalten können. Indem die Kinder **Handlungsalternativen** entwickeln, entdecken sie Methoden und Strategien, um mit Gefühlen umzugehen.

Aha!

Die Auseinandersetzung mit den Geschichtensäckchen und die anschließende Reflexion in der Gruppe haben mehrfachen Lerneffekt: Die Kinder lernen,

- eigene Gefühle und Erfahrungen zu reflektieren und zu äußern,
- sich in andere Menschen und deren Gefühle hineinzuversetzen,
- Strategien zum Umgang mit Gefühlen zu hinterfragen und zu finden.

Praxistipp **Einfühlung und Empathie fördern**

Die Entwicklung von Empathie, also der Fähigkeit, sich in andere hineinzuversetzen und ihre Gefühle nachzuempfinden, ist ein langfristiger Lernprozess. Eine gute Übung ist es, die Kinder immer wieder zum Perspektivwechsel anzuregen. Besprechen Sie zu Geschichten und Bilderbüchern, aber auch in Alltags- und Konfliktsituationen immer wieder: *Welche Gefühle und Bedürfnisse hat das Gegenüber?*

Kreative Ideen für Rituale

Kinder lernen über Wiederholung. Wiederkehrende Handlungsabläufe sorgen für Ordnung und Struktur. Ritualisieren Sie deshalb die Erzählzeit. Indem Sie immer auf dieselbe Weise beginnen und enden, geben Sie den Kindern **Orientierung, Struktur und Sicherheit**. Schon bald wissen die Jungen und Mädchen, was sie erwartet und wie die Erzählzeit abläuft.

Beginn der Erzählzeit

Bevor Sie eine Geschichte vorlesen, beginnen Sie mit einer kurzen, ritualisierten Einstimmung. So bereiten Sie die Kinder auf die Erzählzeit vor, sorgen für Spannung, Vorfreude und eine positive Stimmung. Wählen Sie diejenigen Elemente aus, die am besten zu Ihnen und Ihrer Gruppe passen:

Schnellstart: Wollen Sie möglichst schnell in die Erzählzeit starten, stimmen Sie die Kinder einfach nur mit einem ritualisierten Geräusch ein. Schlagen Sie eine Klangschale oder eine Triangel an und sagen Sie den immer selben Satz: *Die Erzählzeit beginnt!* Oder: *Ohren auf – Gefühle an!*

Zauberei: Während alle gemeinsam den folgenden kurzen Reim aufsagen, darf ein Kind einen Zauberstab dazu schwingen und dann eine Gefühlskarte aus dem Beutel ziehen.

Aberakadabera,
welches Gefühl ist heute da?

Anfangsreim: Auch mit einem etwas längeren Reim signalisieren Sie den Beginn der Erzählzeit. Der Text lässt sich singen oder sprechen. In der vorletzten Zeile fügen Sie jeweils das zu thematisierende Gefühl ein.

Kommt, wir machen uns bereit,
es ist wieder Geschichtenzeit.
Hört euch die Geschichte an –
welches Gefühl ist heute dran?
Heute ist die Wut der Hit,
hört gut zu und spielt auch mit!

(Melodie: Funkel, funkel, kleiner Stern)

Falls Sie mit der Variante arbeiten, dass die Kinder das Geschichtensäckchen auswählen dürfen, machen Sie vor den letzten beiden Textzeilen eine kurze Pause. Sobald ein Kind eine Gefühlskarte aus dem Beutel gezogen hat, können Sie den Reim dann gemeinsam zu Ende singen.

Praxistipp **Ohren auf!**

Jedes Ritual zur Einstimmung können Sie nonverbal unterstützen, indem Sie z. B. eine Klangschale oder eine Triangel erklingen lassen.

Abschluss der Erzählzeit

Sind die Geschichte und die anschließende Reflexionsrunde vorüber, empfiehlt sich ein eher kurzer, ritualisierter Abschluss. Die Kinder sind jetzt wahrscheinlich nicht mehr so konzentriert und aufnahmefähig.

Schnelles Ende: Schlagen Sie eine Klangschale oder eine Triangel an und sagen Sie jedes Mal denselben Satz: *Die Erzählzeit ist aus!* Oder: *Husch, husch, zurück ins Säckchen!*

Schlussreim: Einen kurzen, abschließenden Reim können Sie entweder sprechen oder singen. Danach packen Sie gemeinsam mit den Kindern die Materialien wieder in das Geschichtensäckchen und hängen es zurück an seinen Platz.

Alle Gefühle dürfen sein –
jetzt kommen sie wieder ins Säckchen rein.

(Melodie: Funkel, funkel, kleiner Stern)

4

Ein Sack voller Gefühle – Geschichten und Reime

Praktische Hinweise

Im folgenden Teil des Buches finden Sie 26 Geschichten und Reime für den Einsatz in der Kita. Die Geschichtensäckchen greifen Themen auf, in die Kinder sich einfühlen können: Theo vermisst seinen Freund und ist traurig. Die kleine Meerjungrau hat Angst vor dem Wasser. Das aufgeregte Äffchen freut sich auf seinen Geburtstag. Indem die Kinder die Geschichten nachvollziehen und nachspielen, tauchen sie in die Welt der Gefühle ein.

Altersgerechte Gesprächsanlässe ...

Die Inhalte der Geschichten und Reime sind mal fantastisch, mal realistisch aus dem Alltag gegriffen. Alle jedoch, auch die fantastischen, knüpfen an die Themen und die **Lebensrealität von Kindern** im Alter von drei bis sechs Jahren an. So können sich die Jungen und Mädchen leicht mit den Charakteren identifizieren und eine Verbindung zu eigenen Erfahrungen herstellen. Sie sind also interessiert und motiviert bei der Sache!

... für kleine und große Kindergartenkinder!

Ein Teil der Geschichten und Reime ist den Kategorien „midi" (drei bis vier Jahre) und „maxi" (fünf bis sechs Jahre) zugeteilt. Manches Thema und mancher Inhalt eignen sich also tendenziell eher für jüngere bzw. ältere Kinder. Diese Einteilung ist jedoch nur als **grobe Altersempfehlung** gedacht. Sie kennen Ihre Gruppe am besten und können einschätzen, welche Geschichten zu Interessen und Entwicklungsstand der Kinder passen!

Wichtig! Achtung, Trigger!

Manche Kinder tragen einen Rucksack, gefüllt mit emotional belastenden Themen, mit sich. Dazu zählen z. B. Verlust-, Flucht- oder Gewalterfahrungen. Manche Gefühlsgeschichte könnte an frühere, vielleicht sogar traumatische Erlebnisse erinnern und starke emotionale Reaktionen auslösen. Um dem achtsam zu begegnen, sind einige der Gefühlsgeschichten mit einer Trigger-Warnung versehen:

Zentrale Gefühlsbereiche

Die Geschichten und Reime sind **sieben Gefühlsbereichen** zugeordnet:

Ihr Werkzeugkoffer

Zu jeder Gefühlsgeschichte erhalten Sie:

- ⇨ **Aufsteller der Hauptfiguren**, die Sie als Spielfiguren und zusätzliche Anhänger für die Geschichtensäckchen verwenden können (im Downloadbereich, siehe Link & QR-Code, S. 6);
- ⇨ **Vorschläge für Materialien**, mit denen Sie die Geschichtensäckchen befüllen und die Geschichten und Reime visualisieren können;
- ⇨ **Tipps für Alternativen**, falls Ihnen Materialien fehlen;
- ⇨ **Hinweise zur praktischen Durchführung**, um Ihnen das darstellende Spiel zu erleichtern;
- ⇨ **Reflexionsfragen**, um nach der Erzähleinheit mit den Kindern ins Gespräch zu kommen und die Geschichte wie auch die eigene Gefühlswelt zu reflektieren.

Praxistipp **Hauptfiguren als Aufsteller**

Alternativ zu Spielfiguren aus Ihrem Fundus können Sie die illustrierten Aufsteller aus dem Downloadbereich verwenden, um die Geschichten zu begleiten: einfach auf festem Papier ausdrucken und die Kinder ausmalen und ausschneiden lassen! Für eine längere Lebensdauer können Sie die Figuren zusätzlich laminieren.

Freude und Glück

Besuch von Oma Helene

Themen | Freude, Vorfreude, Aufregung, Besuch von Oma

Material | Aufsteller „Mia“, Frau (Oma Helene), Mann (Postbote), Uhr, Zug, Kuchen, Glöckchen (Türglocke), Päckchen

Heute Morgen war **Mia** schon sehr früh wach. Sogar vor Mama und Papa. Mia ist aufgeregt. Denn heute kommt Besuch. Besuch von Oma!

Mias **Oma Helene** ist die beste Oma der Welt. Mit ihr kann man die tollsten Fantasiegeschichten erfinden. Sie drückt immer ein Auge zu, wenn Mia etwas angestellt hat. Und sie backt die besten Pfannkuchen der Welt. Schon bei dem Gedanken daran läuft Mia das Wasser im Mund zusammen.

Mia vermisst ihre Oma. Denn Oma Helene wohnt ganz weit weg. Am anderen Ende von Deutschland. Deshalb sieht Mia sie nur selten. Und zwar heute! Mias Bauch kribbelt. Sie kann es kaum erwarten.

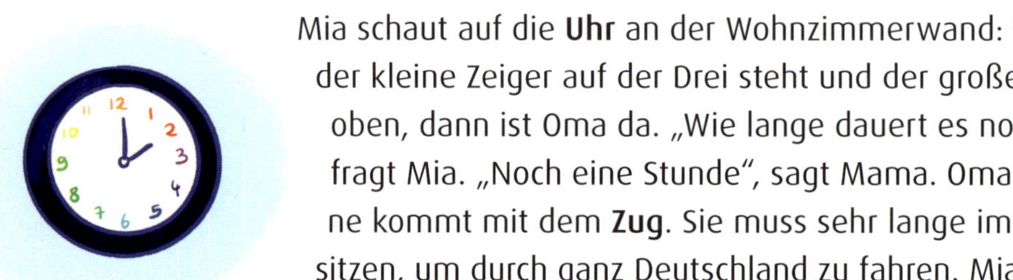

Mia schaut auf die **Uhr** an der Wohnzimmerwand: Wenn der kleine Zeiger auf der Drei steht und der große ganz oben, dann ist Oma da. „Wie lange dauert es noch?“, fragt Mia. „Noch eine Stunde“, sagt Mama. Oma Helene kommt mit dem **Zug**. Sie muss sehr lange im Zug sitzen, um durch ganz Deutschland zu fahren. Mia ist ganz schön hibbelig. Sie tritt von einem Fuß auf den anderen. In ihrem Bauch spürt sie tausend Ameisen kribbeln und krabbeln. Ooh, was ist denn das? Aus der Küche duftet es herrlich. Papa hat **Kuchen** gebacken. Mia flitzt in die Küche und schaut in den Ofen: Mmh, der Kuchen sieht lecker aus!

Plötzlich hört Mia die **Türglocke** *(Glöckchen)*. „Jaaa, Oma kommt!" Mia springt auf. Ihr Herz macht einen fröhlichen Satz und in ihrem Bauch fangen die Ameisen wieder an, auf Wanderschaft zu gehen. In Turbogeschwindigkeit rennt Mia zur Haustür. Fast rutscht sie auf dem Flurteppich aus. Dann reißt sie freudestrahlend die Tür auf: „Hallo, O..." Mia stockt. Der **Postbote** grüßt freundlich und hält Mia ein **Päckchen** unter die Nase. „Ähm, danke", stammelt Mia leise. Enttäuscht schließt sie die Tür und bringt mit hängenden Schultern das Päckchen zu Papa in die Küche.

Wieder wirft Mia einen Blick auf die Uhr. Ist der kleine Zeiger schon bei der Drei? Die Zeiger der Uhr bewegen sich im Schneckentempo. Mia zappelt hin und zappelt her. Sie ist so aufgeregt. Sie könnte die ganze Zeit auf und ab hüpfen wie ein Flummi. Papa legt ihr eine Hand auf die Schulter: „Komm, Mia, wir spielen eine Runde Memory, damit die Zeit schneller vergeht." Doch Mia kann nicht still sitzen.

Dingdong! Wieder klingelt es an der Tür. Mia saust wie der Blitz den Flur entlang. Das muss Oma sein! Mia öffnet die Haustür und ... ja, endlich, Oma ist da!

Oma Helene schließt Mia in ihre Arme. Mia seufzt wohlig. Oma fühlt sich weich an und riecht so vertraut nach Vanillepudding. Mia strahlt bis über beide Ohren. Die Ameisen in ihrem Bauch sind jetzt still. Dafür breitet sich dort ein warmes Glücksgefühl aus.

Reflexionsfragen:

- Wie fühlt sich Mia in der Geschichte?
- Worauf freut sie sich? Warum ist sie so aufgeregt?
- Hast du dich auch schon einmal so gefreut?
- Warst du auch schon einmal so aufgeregt?
- Worauf hast du dich gefreut?
- Wie hat sich das für dich angefühlt?
- Wo in deinem Körper hast du die Vorfreude/Freude gespürt?
- Wie kannst du Freude ausdrücken?

Das Äffchen feiert Geburtstag

Themen | Freude, Vorfreude, Aufregung, Glück, Geburtstag

Material | Aufsteller „Äffchen“, Spieluhr mit fröhlicher Melodie, LED-Teelichter (Kerzen), Döschen mit Konfetti, Kuchen, Affen (Freunde), Geschenke, Streichholzschachtel (Schatzkiste) mit Glassteinen (Schatz)

Tipp | Ein kleiner Kuchen kann aus der Puppenküche kommen oder aus Salzteig oder Knete hergestellt werden. Als Geschenke eignen sich kleine, verpackte Süßigkeiten, die die Kinder dann auspacken und naschen dürfen.

Hinweis zur Durchführung | Den Refrain des Gedichtes darf jeweils ein Kind mit der Spieluhr begleiten, während ein anderes Kind das Äffchen tanzen lässt. Schon bald werden die Kinder den Refrain mitsprechen können!

Das **Äffchen** ist ganz früh erwacht,
hat nur an *eine* Sache gedacht.
Um fünf ist es schon aus dem Bett gesprungen,
hat fröhlich sich durch die Äste geschwungen.

Refrain mit Spieluhr:
Das Äffchen tanzt im Kreis herum,
weil es sich so sehr freut.
Es hüpft und tanzt und singt und lacht,
es hat Geburtstag heut!

Das Äffchen freut sich auf leuchtende **Kerzen**,
bunte Luftballons, **Konfetti** und Herzen.
Bananenkuchen wird heut gegessen,
des Äffchens liebstes Lieblingsessen.

Refrain mit Spieluhr:
...

Alle **Freunde** *(Affen)* sind heute da,
die ganze wilde Affenschar.
Alle singen „Hoch sollst du leben!" –
welche **Geschenke** wird es wohl geben?

Refrain mit Spieluhr:
...

Dann wird getanzt, gespielt, gelacht
und eine tolle **Schatz**suche gemacht!
Geburtstag ist der schönste Tag,
den das Äffchen ach so mag.

Viele freudige Schmetterlinge
flattern durch Äffchens Bauch.
Sagt mir, Kinder, dieses Gefühl,
kennt ihr das etwa auch?

Reflexionsfragen:

- Wie fühlt sich das Äffchen in der Geschichte?
- Warum freut es sich so sehr? Warum ist es so aufgeregt/glücklich?
- Hast du dich auch schon einmal so auf oder über etwas gefreut?
- Warst du auch schon einmal so glücklich?
- Wie hat sich das für dich angefühlt?
- Wo in deinem Körper hast du die Freude/das Glück gespürt?
- Wie kannst du deine Freude/dein Glück ausdrücken und zeigen?
- Kann man Freude/Glück teilen?
- Kann man immer glücklich sein?

Seeräuber Sansibars Schatzsuche

Themen | Aufregung, Vorfreude, Freude, Glück, Kribbeln im Bauch

Material | Aufsteller „Seeräuber Sansibar", blaues Tuch (Meer), braunes Tuch (Insel), Palmen, Boot, Schatzkarte, Schaufel, Schoko-Goldtaler, Schatztruhe, goldener Schraubglasdeckel, silberner Kronkorken

Tipp | Wenn Sie auf Süßigkeiten verzichten wollen, können Sie statt der Goldtaler auch Glassteine als Schätze verwenden. Als Schatztruhe kann eine kleine, mit Goldpapier beklebte Schachtel oder Dose dienen.

Hinweis zur Durchführung | Legen Sie ein blaues Tuch als Meer aus und darauf ein zerknülltes, braunes Tuch als Insel. In den Falten des zerknüllten Tuches verstecken Sie die kleinen Schätze. Am Ende dürfen die Kinder den Goldschatz naschen!

Sansibar, der Seeräuber, rudert in einem kleinen **Boot** übers **Meer** *(blaues Tuch)*. Er rudert immer schneller, denn er will unbedingt auf der geheimen **Insel** *(braunes Tuch)* ankommen. Seine Arme werden schon langsam schwer, doch sein Seeräuberbauch kribbelt aufgeregt. Denn auf Sansibars **Schatzkarte** ist genau auf der Insel, die vor ihm liegt, ein rotes Kreuz eingezeichnet. Direkt neben einer Palme. Ihr wisst, was das bedeutet? Genau! Auf der Insel ist ein Schatz vergraben! Und den will Sansibar unbedingt finden ...

Puh, endlich erreicht das kleine Boot den Sandstrand der Insel. Sansibar spürt, wie sein Seeräuberherz einen aufgeregten Hopser macht. Er steigt aus dem Boot und saust aufgeregt über den Strand. Sein Bauch kribbelt jetzt noch stärker als zuvor und Sansibar ist ganz zappelig vor Vorfreude. Aufgeregt lässt er den Blick schweifen: Moment mal ... Da sind ja *überall* **Palmen**! Neben welcher Palme ist denn nun der Schatz vergraben?

Verwirrt schaut Sansibar zwischen den Palmen hin und her. Was ist denn das …? Glitzert da nicht etwas? Sansibars Herz beginnt, zu klopfen. Schnell rennt er dem Glitzern entgegen. Ja, tatsächlich, da liegt etwas im Sand. Freudig greift Sansibar danach, doch … schade, es ist nur ein **Schraubdeckel**, in dem sich das Sonnenlicht spiegelt. Sansibar überlegt angestrengt: Wie könnte er an den Schatz kommen? Während er noch seinen Gedanken nachhängt, sieht er aus dem Augenwinkel wieder etwas … Da drüben, da glänzt doch etwas! Sansibar jauchzt auf und saust los. Jetzt … jetzt findet er den Schatz! Kribbel, kribbel, kribbel, macht sein Bauch! Als Sansibar bei dem glänzenden Ding ankommt, sieht er … oh nein, es ist nur ein **Kronkorken**, der im Sonnenlicht glänzt. Na prima! Und jetzt? Sansibar ist ratlos.

In seiner Fantasie stellt sich Sansibar den Schatz vor. Den wunderschönen, wertvollen, goldenen Schatz. Schon fängt das Kribbeln in seinem Seeräuberbauch wieder an. Was ihn wohl erwartet? Sansibar greift nach seiner **Schaufel** und fängt neben einer Palme an, zu graben. Ungeduldig schaufelt er immer schneller, bis ihm der Schweiß über die Stirn läuft. Als er schon fast aufgeben möchte, stößt seine Schaufel plötzlich auf etwas Hartes. Klonk! Was ist das? Sansibar traut seinen Augen kaum: Aus dem Sand spitzelt ein **Goldtaler** heraus! Ein echter Goldtaler! Ehrfürchtig nimmt Sansibar das Goldstück in die Hand: Wunderschön glänzt es in der Sonne. Vor Freude macht Sansibar einen kleinen Luftsprung. Und noch einen! Er hat es doch gewusst!

Sofort buddelt der Seeräuber weiter. Sein Herz klopft. Vor lauter Aufregung und Vorfreude möchte es fast zerspringen! Sansibar buddelt und buddelt und … klonk! Da, schon wieder ein **Goldtaler**! Juchhu!

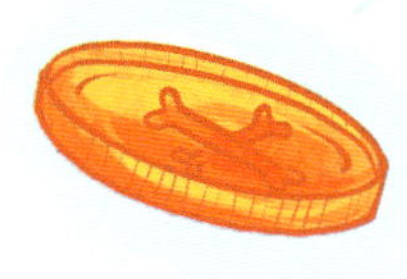

Jetzt gibt es kein Halten mehr: Wie ein Schaufelradbagger durchwühlt Sansibar mit seiner Schaufel den Sand. Die Aufregung macht ihn ganz zappelig und er spürt kein bisschen Müdigkeit. Ein Stück weiter drüben gibt es dann die große Überraschung: Klonk! Sansibars Schaufel stößt auf etwas Hartes. Und nein, diesmal ist es kein Goldtaler ..., sondern eine riesengroße **Schatztruhe**, über und über gefüllt mit Goldtalern! Sansibar reißt die Augen auf: Juchhu, da ist er endlich, der Schatz! Das Kribbeln in seinem Bauch geht jetzt in eine angenehme Wärme über, die sich in seinem ganzen Körper ausbreitet. Sansibar hüpft übermütig in die Luft. Was ist er doch für ein Glückspilz! Er könnte singen und tanzen und springen ... und am liebsten die ganze Welt umarmen!

Reflexionsfragen:

- Wie fühlt sich Seeräuber Sansibar in der Geschichte?
- Worauf freut er sich? Warum ist er so aufgeregt?
- Wie fühlt sich Seeräuber Sansibar, als er den Schatz gefunden hat?
- Warst du auch schon einmal so voller Vorfreude und Aufregung?
- An welche konkrete Situation kannst du dich erinnern?
- Woran merkst du, dass du vorfreudig und aufgeregt bist?
- Wo in deinem Körper spürst du Vorfreude und Aufregung?
- Wie kannst du Freude ausdrücken?

Komm kuscheln, kleines Känguru!

Themen | Glück, Liebe, Geborgenheit, Sicherheit, Wohlbefinden

Material | Aufsteller „Karlchen Känguru", Mama Känguru, Schmetterling, Schlange, Gecko, Emu, kleiner Beutel, weiche Fellstücke, blaues Tuch (Wasserstelle), flacher Stein, Büsche

Tipp | Die genannten Tiere können Sie auch gegen andere aus Ihrem Fundus austauschen. Manche Tiere (z. B. Schmetterling) lassen sich einfach aus Tonkarton oder Moosgummi ausschneiden.

Hinweis zur Durchführung | Wenn das kleine Känguru am Ende in Mamas Beutel schlüpft, bekommt jedes Kind ein weiches Fellstück in die Hand – wie fühlt sich das an?

An der Seite seiner **Mama** ist **Karlchen Känguru** glücklich. Denn in Mamas Nähe fühlt er sich sicher und beschützt und mutig, um die aufregende Welt zu erkunden. Fröhlich hüpft Karlchen neben Mama Känguru her. „Schau, Mama, ein wunderschöner **Schmetterling**!", ruft er und macht einen aufgeregten Hopser. „Oh ja, wie schön, mein Schatz", sagt Mama Känguru und lächelt Karlchen an.

Neugierig springt das Kängurukind weiter. Es schnüffelt hier und da und kann sich gar nicht sattsehen an all den interessanten Dingen, die ihm begegnen. Hier ein buntes Vögelchen, dort eine schöne, rote Blüte. Und da, hör mal, was raschelt denn da im **Gebüsch**? Erschrocken macht Karlchen einen Hüpfer nach hinten. Auweia, da windet sich eine lange **Schlange** durch das Geäst. Schnell zurück an Mamas Seite! Karlchen greift nach Mamas Hand. Puh, in Sicherheit! Das Kängurukind entspannt sich.

Karlchen und Mama Känguru springen weiter. Bald kommen sie an einer **Wasserstelle** *(blaues Tuch)* vorbei. Karlchen ist durstig, endlich kann er trinken! Als er sich zum Wasser hinunterbeugt, entdeckt er auf einem flachen **Stein** ein interessantes Tier: Ein **Gecko** genießt dort die warme Sonne. Als Karlchen an ihm schnuppern will, flitzt der Gecko schnell davon. Karlchen stutzt. Dann dreht er sich um, um Mama Känguru von seiner Entdeckung zu berichten. Im Schwung stößt er an etwas Kühles. Ups, das ist ja gar nicht Mama! Aus Versehen hat Karlchen einen **Emu** angerempelt, der ihn nun zornig anzischt. Ängstlich sucht Karlchen das Weite, schnell weg!

Plötzlich kann Karlchen Mama Känguru nicht mehr sehen. Oh nein, wo ist sie bloß hin? Unruhig schaut Karlchen hinter jeden Busch und hinter jeden Felsen. Doch Mama Känguru bleibt verschwunden! Karlchen wird es heiß und kalt. Was, wenn seine Mama für immer fort ist? Gerade als das Kängurukind unsicher einen kleinen Hügel ansteuern will, hört es eine vertraute Stimme: „Karlchen, da bist du ja!"

Karlchen dreht sich um. Da kommt Mama Känguru! Erleichtert hüpft Karlchen in ihre Arme und schmiegt sich eng an ihren Körper. Mama ist wieder da! Vor lauter Glück und Erleichterung schlüpft Karlchen in Mamas **Beutel** *(kleiner Beutel und weiche Fellstücke)*. Und das, obwohl er eigentlich schon fast zu groß dafür ist. Aber ach, hier ist es einfach so weich … und warm … und wohlig! Karlchen bekommt eine Gänsehaut, so wohl fühlt er sich. Sicher und geborgen. Ganz nah bei Mama ist einfach der schönste Platz der Welt!

Reflexionsfragen:

- Wie fühlt sich Karlchen in der Geschichte?
- Wie fühlt er sich, als er seine Mama nicht mehr findet?
- Wie fühlt er sich, als seine Mama wieder bei ihm ist?
- Hast du dich auch schon einmal sicher und geborgen gefühlt?
- Wann fühlst du dich sicher und geborgen?
- Wo oder bei wem fühlst du dich sicher und geborgen?
- Wie fühlt sich Geborgenheit für dich an?
- Wo in deinem Körper spürst du sie?

Wut und Ärger

Der kleine Wutbär

Themen | Wut, Ärger, Enttäuschung, Trotz, Gegenwille, Verbote

Material | Aufsteller „Wutbär", Mama Bär, Fuchs, Reh, Hase, Eis

Tipp | Falls kein Eis aus der Kinderküche greifbar ist, können Sie aus einem Eisstäbchen oder Schaschlikspieß und einem Stück Spülschwamm oder zwei Schichten Spüllappen ein Eis am Stiel basteln.

Es ist ein warmer Tag im Bärenwald. Der **kleine Bär** freut sich schon: *Gleich esse ich ein Eis! Mmh, schleck!* Das **Erdbeereis**, das so wunderbar fruchtig und cremig und kühl schmeckt. Schon bei dem Gedanken läuft dem kleinen Bären das Wasser im Mund zusammen. Blitzschnell saust er in die Bärenhöhle: „Mamaaa, ich will ein Eis!", ruft er.

Gerade will der kleine Bär schon in Richtung Eisschrank tapsen, doch da hört er **Mama Bärs** Stimme: „Nein, kleiner Bär." Äh, was? Der kleine Bär bleibt abrupt stehen. Überrascht schaut er Mama Bär an: Was hat sie gesagt? Kein Eis? „Nein, kleiner Bär, du kannst jetzt kein Eis haben. Es gibt gleich Mittagessen." Mama Bärs Stimme klingt ruhig und klar.

Der kleine Bär schluckt. Tränen schießen ihm in die Augen. Er hatte sich so auf ein leckeres Eis gefreut! Der kleine Bär spürt, wie ihm die Hitze in den Kopf steigt. In seinem Bauch grummelt es. „Eiiiiiis!", schreit er. „Eiiiiis!" Er stampft mit dem Fuß auf den Boden, so fest er kann.

„Beruhige dich, kleiner Bär", sagt Mama Bär. Doch ihre Worte erreichen den kleinen Bären nicht. Aus dem Grummeln in seinem Bauch wird ein Orkan. Er fängt an, zu brüllen. Sehr laut und sehr wütend. Und er kann gar nicht mehr aufhören – er brüllt und brüllt.

Da steckt ein **Fuchs** erschrocken seinen Kopf in die Bärenhöhle hinein: „Kleiner Bär, warum brüllst du denn so?" Doch der kleine Bär kann nicht antworten. Er stampft und brüllt weiter.

Ein **Reh** kommt dazu und fragt ebenfalls: „Kleiner Bär, warum brüllst du denn so?" Doch auch das Reh bekommt keine Antwort. Der kleine Bär stampft und boxt und brüllt weiter.

Ein **Hase**, der gerade an der Bärenhöhle vorbeihoppelt, macht Halt: „Kleiner Bär, warum brüllst du denn so?" Doch der kleine Bär tobt und brüllt weiter.

Nach und nach ziehen die Tiere weiter. So langsam ist der kleine Bär ziemlich erschöpft. Er schaut zu Mama Bär, die neben ihm sitzt. Verständnisvoll sagt sie: „Du bist ganz schön wütend, kleiner Bär." Gerade als der kleine Bär wieder ausholt, um mit dem Fuß aufzustampfen, merkt er etwas: Sein Bauch grummelt kaum noch. Ja, wirklich, die Wut ist fast ganz verflogen – raus aus seinem Bauch! Dafür fühlt er sich ganz schön erschöpft und müde. Dankbar lässt sich der kleine Bär in Mama Bärs ausgebreitete Arme fallen – so schön weich und warm ist Mamas Bärenfell!

Reflexionsfragen:

- Wie fühlt sich der kleine Bär in der Geschichte?
- Warum ist der kleine Bär wütend?
- Wie verhält sich der kleine Bär, als er wütend ist?
- Wie löst sich seine Wut wieder auf?
- Warst du auch schon einmal wütend?
- Was macht dich wütend?
- Woran merkst du, dass du wütend bist?
- Wie fühlt sich Wut für dich an?
- Wo in deinem Körper spürst du sie?
- Was hilft dir, wenn du wütend bist?

Der höchste Turm der Welt

Themen | Wut, Ärger, Streit, Geschwisterkonflikt

Material | Aufsteller „Sibel", Junge (Malik), Bausteine (Turm), Polizeiauto, rotes Tuch (Wut)

Hinweis zur Durchführung | Legen Sie symbolisch ein rotes Tuch über Sibel, wenn die Wut in ihr explodiert.

Konzentriert setzt **Sibel** einen **Baustein** auf den anderen. Sie liebt es, zu bauen. Heute hat sie eine ganz lange Stadtmauer und einen extra hohen **Turm** *(Bausteine)* gebaut. Sie strahlt. Der Turm ist sooo hoch, sogar höher als der Esstisch.

„Papa!", ruft Sibel stolz, „Papa, schau mal!" Doch statt Papa kommt Sibels Bruder **Malik** ins Zimmer gestürmt. Mit lautem Sirenengeheul lässt er das **Polizeiauto** in seiner Hand durch die Luft sausen. Übermütig rennt er an Sibel vorbei und sein Auto verfehlt nur um Haaresbreite ihren Turm. Sibel zuckt zusammen. „Hau ab, Malik!", schreit sie wütend. Dieser Blödmann.

Sibel schluckt ihren Ärger hinunter. Sie versucht, sich wieder zu konzentrieren. Der nächste Stein muss auf die Turmspitze gesetzt werden. Eine ganz schön wackelige Angelegenheit. Aber Sibel will es schaffen: Der Turm muss noch höher werden! Gerade als sie den Baustein mit zitternder Hand loslässt, rauscht Malik wieder johlend an ihr vorbei. Sein Auto streift ihren Turm. Erschrocken reißt Sibel die Augen auf. Ihr Herz scheint für einen Moment stillzustehen. Der Turm gerät ins Wanken. Wie in Zeitlupe sieht Sibel, wie er sich zur Seite neigt. Sie will ihn auffangen, doch zu spät: Der höchste Turm der Welt stürzt in sich zusammen. In alle Einzelteile. Mit dumpfem Geschepper kullern die Bausteine über den Boden.

Sibel schreit auf. Wie ein Gewitter kommt die **Wut** *(rotes Tuch)* in ihrem Bauch hoch. Rasend schnell. In ihrer Brust angekommen, will sie explodieren. Sibel ballt ihre Fäuste. Malik lacht und springt übermütig auf das Sofa. Das ist zu viel. Sibel sieht rot. Wutentbrannt stürzt sie sich auf ihren Bruder. Immer macht er ihr alles kaputt! Sibels Hand greift nach seinem Arm. Doch Malik ist schneller. Er hüpft vom Sofa und rast um den Glastisch herum. Sibel stolpert nach vorn und kreischt: „Bleib stehen, du Idiot!" Wie durch einen Schleier hört sie Papas Stimme: „Was ist denn hier los?"

Reflexionsfragen:

- Wie fühlt sich Sibel in der Geschichte?
- Was ist passiert?
- Wie reagiert Sibel, als Malik ihren Turm umstößt?
- Wie hätte sie anders reagieren können?
- Warst du auch schon einmal wütend?
- Woran merkst du, dass du wütend bist?
- Wo in deinem Körper hast du die Wut gespürt?
- Wie hättest du an Sibels Stelle reagiert?
- Was hilft dir, wenn du wütend bist?
- Welchen Sinn hat Wut? Hat sie auch etwas Gutes?

Ennos Mütze

Themen | Wut, Aggression

Material | Aufsteller „Enno", 2 Jungen (Jakob, Manuel), Mann (Erzieher Robert), Mütze, Baum, rotes Tuch (Wut)

Hinweis zur Durchführung | Legen Sie ein rotes Tuch über Enno, wenn er wütend wird. Am Ende der Geschichte lüften Sie das Tuch.

Enno freut sich schon. Mit großen Schritten läuft er auf das große Klettergerüst mit den vielen Seilen zu. Er liebt es, bis ganz oben zu klettern und von dort aus über den ganzen Spielplatz zu blicken. Als er fast an der Strickleiter angekommen ist, spürt Enno plötzlich, wie ihm seine **Mütze** vom Kopf rutscht. Überrascht dreht er sich um – und schaut in Jakobs grinsendes Gesicht.

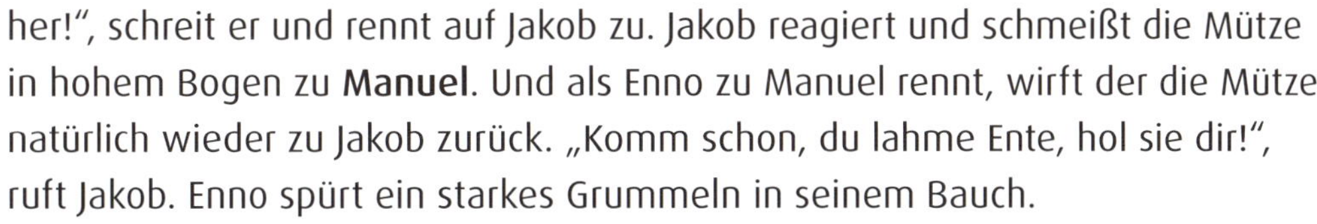

Jakob hält Ennos Mütze in der Hand. „Hey, gib mir meine Mütze zurück!", ruft Enno wütend. „Hol sie dir doch!", sagt Jakob lässig und schwenkt die Mütze durch die Luft. Jetzt wird Enno richtig sauer. Er mag es nicht, wenn man ihn absichtlich ärgert! „Du Blödmann, gib sie her!", schreit er und rennt auf Jakob zu. Jakob reagiert und schmeißt die Mütze in hohem Bogen zu **Manuel**. Und als Enno zu Manuel rennt, wirft der die Mütze natürlich wieder zu Jakob zurück. „Komm schon, du lahme Ente, hol sie dir!", ruft Jakob. Enno spürt ein starkes Grummeln in seinem Bauch.

Jetzt ist die Mütze auch noch in den Dreck gefallen. Ennos Lieblingsmütze! Das Grummeln in Ennos Bauch wächst zu einem Sturm heran. Er spürt, wie die **Wut** *(rotes Tuch)* in ihm langsam nach oben steigt und sich ihren Weg bahnt. Mit aller Kraft rempelt er Jakob an. Jakob stolpert nach hinten. Dann schleudert er die Mütze in die Luft. An einem Zweig im **Baum** bleibt sie hängen. Jakob und Manuel lachen.

Das ist zu viel. Enno spürt, wie irgendetwas in ihm explodiert. In seinen Ohren rauscht es. Er schlägt um sich. Er fühlt sich wie in einem Tunnel. Nur, dass er das Ende nicht sehen kann.

„Enno, stop!" Wie durch Watte gedämpft, hört Enno die Stimme von **Robert**, seinem Erzieher. Doch die Worte kommen nicht bei ihm an. Blind vor Wut schlägt er weiter um sich. Er hat keine Kontrolle mehr über seinen Körper. Seine Faust trifft auf etwas Hartes, aber Enno spürt keinen Schmerz.

Nach einer Weile lässt Ennos Kraft nach. Als seine Arme schwächer werden, lässt Enno die Fäuste sinken *(rotes Tuch wegnehmen)*. Beruhigend spürt er Roberts Arme um seine Schultern. Er lässt sich hineinsinken – und beginnt, zu schluchzen.

Reflexionsfragen:

- Wie fühlt sich Enno in der Geschichte?
- Warum ist er so wütend?
- Wie verhält Enno sich in seiner Wut?
- Wie hätte er anders reagieren können?
- Wie hättest du dich an Ennos Stelle verhalten?
- Was glaubst du, warum Jakob und Manuel sich so verhalten?
- Warst du auch schon einmal blind vor Wut?
- Wie hat sich das für dich angefühlt?
- Wo in deinem Körper hast du die Wut gespürt?
- Wie hast du dich in der Situation verhalten?
- Was kannst du tun, wenn du sehr wütend bist?
- Wie kannst du mit deiner Wut umgehen, ohne jemandem wehzutun?

Traurigkeit und Enttäuschung

Leni, Anton und Püppi

Themen | Enttäuschung, Traurigkeit

Material | Aufsteller „Leni", Junge (Anton), Frau (Erzieherin Simone), Püppchen (Püppi), Fläschchen, weiche Stoffstücke (Pullover)

Hinweis zur Durchführung | Wenn Leni sich an Simones weichen Pullover schmiegt, bekommt jedes Kind ein weiches Stoffstück in die Hand, um sich damit über Wange, Arm oder Handrücken zu streichen.

Guter Dinge kommt **Leni** in die Kita. Zielstrebig marschiert sie an den Garderobenplätzen entlang. Als sie die Tür zur Regenbogen-Gruppe öffnet, freut sie sich – wie jeden Tag – auf **Püppi**. Püppi ist Lenis Lieblingspuppe. Jeden Morgen geht Leni als Allererstes in die Puppenecke, um Püppi aus ihrem Bettchen zu nehmen, zu wickeln und ihr ein **Fläschchen** zu geben.

Gerade will Leni in Richtung Puppenecke losstürmen, als sie **Anton** sieht. Anton sitzt neben den Puppenbettchen und im Arm hält er ... Püppi! Leni schluckt. Damit hatte sie nicht gerechnet. Tränen schießen ihr in die Augen. In ihrem Hals sitzt ein dicker Kloß. Warum hat Anton Püppi im Arm? Püppi ist doch Lenis Lieblingspuppe!

Gerade als Leni umkehren will, sieht sie durch einen Tränenschleier **Simone**, ihre Erzieherin, auf sich zukommen. „Hallo Leni", sagt Simone. „Bist du enttäuscht, weil Anton heute mit Püppi spielt?" Leni presst die Lippen zusammen und nickt unmerklich.

Simone geht in die Hocke und nimmt Leni in den Arm. „Das verstehe ich", sagt sie. „Normalerweise kümmerst du dich jeden Morgen um Püppi. Bestimmt hast du dich schon darauf gefreut." Leni nickt. Manchmal kann Simone ihre Gedanken lesen. Dankbar schmiegt sich Leni an Simones weichen **Pullover** *(weiche Stoffstücke)*. Das fühlt sich warm an. Der Kloß in Lenis Hals löst sich langsam auf.

Simone hat eine Idee: „Wollen wir Anton gemeinsam fragen, ob er bereit wäre, mit einer anderen Puppe zu spielen?" – „Ja!", sagt Leni erleichtert und greift nach Simones Hand.

Reflexionsfragen:

- Wie fühlt sich Leni in der Geschichte?
- Warum ist Leni enttäuscht/traurig?
- Was hätte Leni tun können?
- Was passiert am Ende der Geschichte?
- Wie fühlt sich Leni am Ende der Geschichte?
- Warst du auch schon einmal enttäuscht/traurig, weil du etwas anderes erwartet hattest?
- Wie fühlt sich das für dich an?
- Wo in deinem Körper hast du die Enttäuschung gespürt?
- Was hast du dann gemacht?
- Was hilft dir, wenn du enttäuscht/traurig bist?
- Wie kannst du jemandem helfen, der enttäuscht/traurig ist?

Abschied von Timmy

Themen | Traurigkeit, Abschied, Trennung, Vermissen

Material | Aufsteller „Ruby", Hund, Bäuerin (Frau Sommer), Bällchen, Napf, Bürste, Auto, laminierte Fotos von Bauernhof-Tieren (Hasen, Hühner)

Hinweis zur Durchführung | Wenn im Text die Hasen und die Hühner genannt werden, zeigen Sie den Kindern das jeweilige laminierte Foto aus dem Säckchen.

Aufgeregt steigt **Ruby** aus dem **Auto**. Eine Woche Urlaub auf dem Bauernhof liegt vor ihr! Sobald die Koffer in der Ferienwohnung untergebracht sind, saust Ruby über den Hof. Wow, da gibt es ein riesiges Trampolin! Und da ... das da hinten müssen die **Hasen**ställe sein *(Foto zeigen)*! Auf dem Weg scheucht Ruby ein paar **Hühner** auf *(Foto zeigen)*, die aufgeregt gackern und mit den Flügeln schlagen.

Als Ruby sich vor das Hasengehege kniet, um nach den Häschen zu schauen, spürt sie, wie etwas ihr Bein streift. Ein kleiner **Hund**! Neugierig schnuppert er an der Hand, die Ruby ihm hinhält. Ist der süß!

Egal, was Ruby macht: Der kleine Hund folgt ihr nun auf Schritt und Tritt. Auf dem Weg zur Spielscheune läuft er die ganze Zeit neben ihr her. Auch als sie später dem Trampolin einen Besuch abstattet, weicht er ihr nicht von der Seite. „Ich glaube, du hast einen neuen Freund!", sagt Frau Sommer, die **Bäuerin**, schmunzelnd. „Das ist unser Timmy!"

Und ja, von diesem Tag an sind Ruby und Timmy die besten Freunde. Jeden Morgen, wenn Ruby auf den Hof hinaus kommt, rennt ihr Timmy schon, freudig mit dem Schwanz wedelnd, entgegen. Er springt so lange an ihr hoch, bis Ruby sich zu ihm hinunterbückt und ihn streichelt. In jeder freien Minute spielt Ruby mit Timmy – sie wirft ihm ein **Bällchen** zu oder krault ihn hinter den Ohren, denn das mag er besonders gern. Und manchmal darf sie Frau Sommer auch helfen, Timmys **Napf** mit Futter herzurichten oder sein Fell zu **bürsten**. Die Tage vergehen wie im Flug.

Eines Morgens wacht Ruby mit einem flauen Gefühl im Bauch auf: Morgen geht es wieder nach Hause! Dann muss sie sich von Timmy verabschieden. Bei dem Gedanken schießen ihr sofort Tränen in die Augen. Schnell blinzelt sie die Tränen weg und steht auf. Heute liegt ja noch ein ganzer Tag vor ihr!

Doch am nächsten Vormittag ist es dann so weit. Papa lädt schon die Koffer ins Auto. Ruby dreht noch eine letzte Runde über den Hof und sagt Tschüss zu den Hasen und den Hühnern. Timmy läuft schwanzwedelnd neben ihr her. Wieder am Auto angekommen, muss Ruby sich zuletzt von Timmy verabschieden. Sie beugt sich zu dem kleinen Hund hinunter und schluckt. Ihr Hals ist wie zugeschnürt. Timmy drückt seine feuchte Hundeschnauze in Rubys Hand und leckt ihr über den Arm. Fast so, als könnte er ihre Gedanken lesen. Ruby knuddelt ihn ein letztes Mal und krault ihn hinter den Ohren, dann steigt sie schweren Herzens ins Auto.

Frau Sommer, die Bäuerin, winkt ihnen nach, als sie vom Hof fahren. Durch das Autofenster sieht Ruby, wie Timmy immer kleiner wird. Bald ist er nur noch ein winziger Punkt. Ruby vermisst den kleinen Hund jetzt schon. Sie spürt, wie ihre Wangen feucht werden. Mit der Hand wischt sie die Tränen weg. „Tschüss, Timmy“, flüstert sie, „in den nächsten Ferien komme ich wieder!“

Reflexionsfragen:

- Wie fühlt sich Ruby am Ende der Geschichte?
- Warum ist sie traurig?
- Warst du auch schon einmal traurig, weil du jemanden vermisst hast oder dich von jemandem verabschieden musstest?
- Wie hat sich das für dich angefühlt?
- Wo in deinem Körper hast du die Traurigkeit und das Vermissen gespürt?
- Was kannst du tun, wenn du jemanden vermisst?

Theo und der kleine, dunkelblaue Flausch

Themen	Traurigkeit, Trauer, Einsamkeit, Verlust, Vermissen
Material	Aufsteller „Theo“, 4 Jungen (Lorenzo, Matteo, Valentin, Alex), Bauklötze (Türme), dunkelblauer Pompon (Flausch), grünes Tuch (Wiese), Ball
Hinweis zur Durchführung	Ein grünes Tuch dient als Wiese, auf der die Jungen Ball spielen. Theo steht sichtbar daneben – er gehört nicht dazu. Zum Schluss steht Theo mit den anderen Jungen auf der Wiese.

Theo und **Lorenzo** sind beste Freunde. Jeden Tag gehen sie zusammen in den Kindergarten. Wenn Theo morgens in den Gruppenraum der Tiger-Gruppe kommt, begrüßt ihn Lorenzo bereits an der Tür. Im Morgenkreis sitzen sie immer nebeneinander. Und in der Bauecke bauen sie zusammen die höchsten **Türme** *(Bauklötze)*.

Doch eines Tages ist Lorenzo plötzlich nicht mehr da. Seine Familie ist in eine andere Stadt umgezogen. Für Theo ist nichts mehr wie zuvor. Wenn er in den Kindergarten kommt, ist der Garderobenhaken von Lorenzo leer. Traurig schaut Theo den kleinen, grünen Traktor an, der neben dem leeren Haken an der Garderobe klebt. In der Freispielzeit sitzt Theo allein in der Bauecke. Doch allein macht das Türmebauen gar keinen Spaß. Lorenzo ist weg. Seit diesem Tag sitzt auf Theos Schulter ein kleiner **Flausch** *(dunkelblauer Pompon)*. Er ist dunkelblau, hat kühles, flauschiges Fell und heißt „Traurigkeit“.

Oft schaut Theo jetzt den anderen Kindern beim Spielen zu. Sie lachen und haben Spaß – doch Theo gehört nicht dazu. Dann spürt Theo den kleinen, blauen Flausch auf seiner Schulter. Die Traurigkeit macht sich in ihm breit. Theo vermisst Lorenzo. Er fühlt sich allein. Er hat niemanden, mit dem er spielen kann.

An einem schönen Frühlingstag geht die Tiger-Gruppe nach draußen in den Garten. Alle Kinder wuseln fröhlich umher. **Matteo, Valentin und Alex** kicken sich auf der **Wiese** *(grünes Tuch)* gegenseitig einen **Ball** zu. Theo steht am Zaun und schaut zu. Zu gern würde er mitspielen. Doch er traut sich nicht, die Jungen zu fragen. Theo spürt, wie sich eine Träne den Weg aus seinem Auge bahnen will. Schnell wischt er sie mit dem Ärmel weg. Doch der kleine, blaue Flausch lässt sich nicht einfach wegwischen. Die Traurigkeit bleibt.

Theo langweilt sich. Jeden Tag schlendert er allein durch den Garten. Heute spielen die anderen Jungen wieder mit dem Ball. Theos Herz fühlt sich schwer an. Gerade als er einen schönen Stein aufheben will, rollt ihm plötzlich der Ball vor die Füße. Theo zögert. Er schaut zu den Jungen hinüber.

„Hey, Theo, spiel doch mit!", ruft Matteo. Theo zögert. „Na klar", ruft er dann. Schnell steckt er den kleinen, blauen Flausch in seine Jackentasche und kickt den Ball, so fest er kann, auf die Wiese.

Reflexionsfragen:

- Wie fühlt sich Theo in der Geschichte?
- Was hat Theo erlebt?
- Was hätte Theo tun können, um weniger einsam zu sein?
- Warst du auch schon einmal traurig, weil du jemanden vermisst hast?
- Hast du dich schon einmal einsam gefühlt?
- Wie hat sich das für dich angefühlt?
- Wo spürst du die Einsamkeit?
- Was kannst du tun, damit du dich weniger einsam fühlst?
- Wie kannst du jemandem helfen, der einsam ist?

Zauberer Zoppo ist traurig

Themen | Traurigkeit, Gefühle annehmen und aushalten

Material | Aufsteller „Zauberer Zoppo", Zauberstab, Eule, Päckchen Taschentücher, dunkelblaues Tuch (Traurigkeit)

Tipp | Einen einfachen Zauberstab basteln Sie, indem Sie einen Bleistift mit Alufolie, bunten Wollfäden oder hübschen Klebebändern umwickeln. Ist etwas Glitzer im Spiel, wirkt es magisch!

Hinweis zur Durchführung | Legen Sie ein dunkelblaues Tuch über den Zauberer, solange er traurig ist. Am Ende, wenn die Traurigkeit verfliegt, lüften Sie das Tuch. Ein Kind darf zu jedem Zauberspruch den Zauberstab schwingen.

Zauberer Zoppo kann alles. Ja, wirklich alles … nur eines kann er nicht: Gefühle wegzaubern.

Heute ist Zauberer Zoppo traurig. Ihm ist ganz schwer ums Herz. Immer wieder ertappt er sich dabei, wie seine Mundwinkel nach unten hängen und eine Schwere auf seinen Schultern lastet. Warum er traurig ist, weiß er gar nicht genau. Er weiß nur, dass er wieder fröhlich sein will. Am liebsten sofort! Doch alle Versuche, die Traurigkeit mit Zauberei verschwinden zu lassen, schlagen fehl.

Zauberer Zoppo kann es nicht ändern: Die **Traurigkeit** *(dunkelblaues Tuch)* bleibt. Es ist, wie wenn ein tiefdunkler Schleier sich über ihn gebreitet hätte. Am liebsten möchte sich Zoppo in einem Mauseloch verkriechen. Doch stattdessen greift er nach seinem **Zauberstab**. Energisch schwingt er den Stab durch die Luft und murmelt: „Aberakadabera, die Traurigkeit ist nicht mehr da!"

Er wartet einen Moment und lauscht in sich hinein. Na, so was, der dunkle Schleier ist ja immer noch da. Zauberer Zoppo fühlt sich immer noch traurig.

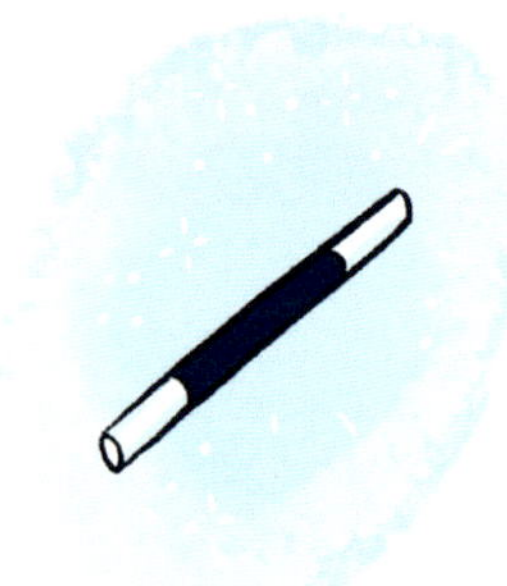

Das darf doch nicht wahr sein! Ungeduldig schüttelt Zoppo seinen Zauberstab und schwingt ihn abermals durch die Luft: „Hokuspokus Fidibus, mit Traurigsein, da ist jetzt Schluss!" Wieder wartet der Zauberer einen Moment und lauscht in sich hinein. Was ist das? Er spürt, wie eine Träne seine Wange hinunterrollt. Zoppos Herz wird noch schwerer. Schwer wie ein Stein.

Zoppo wundert sich: Hat ihn etwa seine Zauberkraft verlassen? Vor lauter Traurigkeit ist er schon ganz durcheinander. Jetzt kullern ihm endgültig die Tränen über das Gesicht. Doch Zauberer Zoppo will nicht traurig sein – fröhlich sein, das will er! Traurig fuchtelt er mit seinem Zauberstab in der Luft herum: „Ene mene, eins, zwei, drei, die Traurigkeit ist jetzt vorbei!" Doch wieder nichts. Zauberer Zoppo ist und bleibt traurig.

Da flattert die weise **Eule Eulalia** herbei und lässt sich neben Zoppo nieder. „Ach, Eulalia", klagt Zoppo. „Ich bin sooo traurig. Und was mich noch trauriger macht: Mein Zauberstab funktioniert nicht mehr – ich kann die Traurigkeit nicht einmal wegzaubern!"

Kaum hat er es ausgesprochen, da muss Zoppo plötzlich weinen. So richtig. Wie ein Sturzbach fließen die Tränen aus seinen Augen. Seine Schultern und sein ganzer Körper werden durchgeschüttelt, so sehr muss Zauberer Zoppo schluchzen.

Eulalia überlegt. Sie blinzelt drei Mal langsam, dann antwortet sie: „Dein Zauberstab ist nicht kaputt. Doch weißt du, Zoppo, gegen Gefühle hilft keine Zauberei. Gefühle wollen gefühlt werden! Erst wenn du durch ein Gefühl hindurchgegangen bist, kann es wirklich vergehen." Mit diesen Worten reicht die weise Eule dem Zauberer ein **Taschentuch** und streicht tröstend mit einem Flügel über seinen Arm. Zoppo pustet ordentlich in das Taschentuch. Und gleich noch einmal. Und als auch seine letzte Träne getrocknet ist, spürt er es: Die Traurigkeit ist verflogen *(dunkelblaues Tuch wegnehmen)*. Der dunkle Schleier hat sich gelichtet und Zauberer Zoppo fühlt sich wieder viel leichter – ganz ohne Zauberei!

Reflexionsfragen:

- Wie fühlt sich Zauberer Zoppo in der Geschichte?
- Warum ist er traurig?
- Was macht er gegen die Traurigkeit?
- Wie ist die Traurigkeit am Ende verflogen?
- Warst du auch schon einmal traurig?
- Was macht dich traurig?
- Wie fühlt sich Traurigkeit für dich an?
- Wo in deinem Körper spürst du sie?
- Was tut dir gut, wenn du traurig bist?
- Was brauchst du, um wieder fröhlich zu werden?
- Wie kannst du jemandem helfen, der traurig ist?

Angst und Unsicherheit

Der Tag, an dem I-ah verloren ging

Themen | Angst, Schreck, Verzweiflung, Einsamkeit, Verlust

Material | Aufsteller „Esel I-ah", Junge (Oliver), Mädchen, Hund, Roller, kleines Körbchen, blaue Pompons (Regen), kleine Taschenlampe (Lichtschein)

I-ah ist **Olivers** bester Freund. Schon immer. Um genau zu sein, seit sie zusammen in der Babywiege gelegen haben. Der graue Esel mit den schwarzen Knopfaugen und den flauschigen, langen Ohren ist einfach das beste Kuscheltier der Welt. Oliver hat I-ah immer und überall dabei. Sogar beim Essen hält er ihn in der Hand. Beim Schlafen sowieso. Und beim Rollerfahren nimmt er ihn im Körbchen mit.

Heute fährt I-ah wieder im **Körbchen** mit. Seine langen Ohren flattern im Fahrtwind. Oliver ist ein guter **Roller**fahrer. Er fährt richtig, richtig schnell. Juchhu, das macht Spaß! Doch plötzlich merkt I-ah, wie es holpert und ruckelt. Wild hopst er in dem Körbchen auf und ab und hin und her.

Und dann, auf einmal – oh nein, was ist das? I-ah wird in die Luft geschleudert ... und im nächsten Moment landet er ziemlich unsanft auf der harten Straße. Autsch, das tat weh. Entsetzt sieht der kleine Esel, wie der grüne Roller sich entfernt. „Halt ... stop ... hier bin ich!", will I-ah rufen. Doch seine Kehle ist wie zugeschnürt. Der Roller biegt um eine Kurve. Oliver ist weg.

Da liegt der kleine Esel nun. Einsam und allein. Kein Oliver weit und breit. Und ohne I-ah kann Oliver doch nicht einschlafen! Was, wenn sie sich niemals wiedersehen? Bei dem Gedanken zieht sich I-ahs kleines Eselsherz zusammen. Aber Oliver wird ihn doch bestimmt suchen ... oder?

Ein **Hund** kommt neugierig daherspaziert. Mit seiner feuchten Schnauze schnuppert er an I-ahs Fell. Als der kleine Esel nicht reagiert, zieht der Hund weiter. Es ist kalt auf dem Asphalt. I-ah friert. Er zittert am ganzen Körper. Wo ist Oliver? So verzweifelt und allein hat er sich noch nie gefühlt.

Plötzlich hört I-ah eine helle Stimme: „Schau mal, Omi, da liegt ein Esel!" Ein **Mädchen** greift nach dem kleinen Esel und hebt ihn vom Boden auf: „Wie niedlich – bestimmt vermisst ihn jemand!" Vorsichtig legt das Mädchen I-ah auf ein Fensterbrett.

Dort liegt I-ah nun. Ziemlich lange. Dem kleinen Esel kommt es vor wie eine halbe Ewigkeit. Einige Menschen laufen vorbei ... doch Oliver ist nicht dabei. Jetzt fängt es auch noch an, zu **regnen** *(blaue Pompons)*. I-ah spürt, wie sein Fell ganz feucht wird. Als es langsam dunkel wird, schließt der kleine Esel traurig und verzweifelt seine Augen. Das letzte Fünkchen Hoffnung, dass Oliver ihn noch finden könnte, erlischt.

I-ah zuckt zusammen, als ihn ein **Lichtschein** *(Taschenlampe)* streift. Als er seine Augen öffnet, blickt er genau in Olivers Gesicht. Oliver hat eine Taschenlampe in der Hand. Er strahlt seinen Lieblingsesel an, hebt ihn auf und drückt ihn fest an sich. Und das, obwohl I-ah ganz nass und kalt ist! Dem kleinen Esel wird warm ums Herz. So geliebt und geborgen fühlt er sich. Jetzt ist alles gut.

Reflexionsfragen:

- Wie fühlt sich I-ah in der Geschichte?
- Warum ist er so ängstlich und verzweifelt?
- Was passiert am Ende der Geschichte?
- Wie fühlt sich I-ah, als Oliver ihn wiederfindet?
- Warst du auch schon einmal so ängstlich und verzweifelt?
- Aus welchem Grund warst du ängstlich und verzweifelt?
- Wie hat sich das für dich angefühlt?
- Wo in deinem Körper hast du die Angst und die Verzweiflung gespürt?
- Was hilft dir, wenn du ängstlich und verzweifelt bist?

Piratin Pia

Themen | Unsicherheit, Ängstlichkeit, Mobbing

Material | Aufsteller „Pia" und „Piratin Pia", 2 Mädchen (Ella, Samira), Pirat (Käpt'n Schimmelbart), Oktopus, Schiff, Säbel, blaues Tuch (Meer), Jacke, Stoppschild

Hinweis zur Durchführung | Als Meer können Sie ein blaues Tuch ausbreiten, auf dem Pias Piratenschiff segelt.

„Pia ist ein Baby!" **Pia** duckt sich an ihrem Garderobenplatz. Ganz klein macht sie sich. **Ella und Samira** aus ihrer Kindergartengruppe ärgern sie jeden Tag. Pia mag das nicht. Sie fühlt sich dann unwohl.

„Pia ist ein Baby!", ruft Ella noch einmal und Samira kichert. Pia ist unsicher. Sie fühlt sich klein wie eine Maus. Sie sagt nichts. Am liebsten würde sie sich unsichtbar machen. Aber das geht ja schlecht. Also versteckt sie sich hinter ihrer **Jacke**, schaut auf den Boden und schlüpft so schnell wie möglich in ihre Stiefel. Ihr Herz zwickt und pikst ein bisschen.

„Hallo, Pia!", hört sie da eine vertraute Stimme. Ein Glück, Mama ist da! Auf dem Heimweg im Auto träumt Pia vor sich hin: In ihren Träumen ist sie **Piratin Pia**, die kühnste und mutigste Piratin von allen! Auf ihrem **Piratenschiff**, der „Tigerlilly", umsegelt sie die sieben **Weltmeere** *(blaues Tuch)*. Sie hebt die wertvollsten Schätze. Und nimmt es mit den schrecklichsten Seeräuberinnen und Seeräubern auf. Nicht einmal der berühmt-berüchtigte **Käpt'n Schimmelbart**, der die sieben Weltmeere in Angst und Schrecken versetzt, und sein fieser **Oktopus** Dr. Fieso können ihr etwas ...

Ein Ruck reißt Pia aus ihren Gedanken. Mama schimpft. Schon wieder eine rote Ampel! Ach ja, sofort hat Pia wieder die Bilder von vorhin im Kopf: Ella und Samira waren so gemein. Dabei hat ihnen Pia doch gar nichts getan! Die Ampel wird grün. Pia lehnt sich wieder in ihrem Kindersitz zurück und taucht in ihre Traumwelt ab:

Also, nicht einmal Käpt'n Schimmelbart und sein fieser Oktopus Dr. Fieso können Piratin Pia etwas anhaben! Einmal, da dachte Käpt'n Schimmelbart schon, er hätte Piratin Pia besiegt. Doch als er gerade noch mit seinem scharfen **Säbel** vor ihrer Nase herumfuchtelte, da erzählte ihm Piratin Pia einen richtig guten Seeräuber-Witz[3]. Der schreckliche Käpt'n musste sich so vor Lachen kugeln, dass er über Bord ins tiefe Wasser geplumpst ist.

Und als daraufhin sein fieser Oktopus Dr. Fieso Piratin Pia gerade mit seinen vielen Fangarmen fesseln wollte, da kitzelte sie ihn so lange durch, bis er um Gnade gefleht und sich zusammen mit dem Käpt'n verkrümelt hat. Also, Piratin Pia ist wirklich eine mutige und ideenreiche ...
„Erde an Pia, Erde an Pia!" Mamas Stimme reißt Pia aus ihren Gedanken. „Komm, Pia, wir sind zu Hause, steig bitte aus!"

Am nächsten Tag, als Pia in der Kita-Garderobe auf Mama wartet, denkt sie wieder an Käpt'n Schimmelbart, der, hustend und nach Luft schnappend, ins Wasser plumpst. Für einen kurzen Moment ist sie wieder die mutige Piratin Pia. Doch da hört sie es auch schon: „Pia ist nicht nur ein Baby, sondern ein Superbaby!" Pia schaut auf und sieht Ella und Samira auf sich zukommen. Und schon fühlt sie sich wieder hilflos wie eine kleine Maus – und stumm wie ein Fisch. Die beiden Mädchen sind so gemein ... aber Pia traut sich nicht, etwas zu sagen! Ihr Herz zieht sich zusammen und sie schaut auf den Boden.

---

[3] Falls die Kinder nach dem Witz fragen:
Gehen zwei Kinder an einem ausgetrockneten See vorbei.
Fragt das eine Kind: „Huch, wo ist denn das ganze Wasser hin?"
Meint das andere Kind: „Das waren bestimmt Seeräuber!"

Aber etwas ist heute anders als sonst: Pia hat nämlich keine Lust mehr, sich so klein und hilflos zu fühlen! Gerade als Ella noch einmal ansetzen will, richtet Pia sich auf.
Sie denkt an Piratin Pia, als sie ihren Mund öffnet und mutig sagt:
„**Stopp** *(Stoppschild)*! Hört auf, ich will das nicht!"

Reflexionsfragen:

- Wie fühlt sich Pia in der Geschichte?
- Warum ist sie so verunsichert und ängstlich?
- Wie fühlt sich Pia als Piratin in ihrer Fantasie?
- Ist Pia am Ende der Geschichte immer noch verunsichert und ängstlich?
- Wie schafft sie es, sich gegen Ella und Samira zu wehren?
- Was glaubst du, warum Ella und Samira sich so verhalten?
- Haben dich auch schon einmal andere Kinder geärgert?
- Wie hast du dich da gefühlt?
- Wie hast du reagiert?
- Was kannst du tun, wenn du von anderen geärgert wirst?
- Was kannst du tun, wenn du mitbekommst, dass ein anderes Kind geärgert wird?

Die Meerjungfrau und das Meer

Themen	Angst, Unsicherheit, Schreck, Angst vor Wasser
Material	Aufsteller „Meerjungfrau", Möwe, Robbe, Perlen, blaues Tuch (Meer), Stück Styropor (Felsen)
Hinweis zur Durchführung	Breiten Sie ein blaues Tuch als Meer aus. Auf dem Tuch platzieren Sie ein Stück Styropor als Felsen.

Eine **Meerjungfrau** sitzt auf einem **Felsen** *(Stück Styropor)*, während die anderen Meerjungfrauen im Wasser schwimmen, tauchen und spielen. Der Felsen ragt aus dem **Meer** *(blaues Tuch)* heraus. Er ist höher als die Wellen. Hier fühlt sich die Meerjungfrau sicher.

Ihre Freundin, die **Möwe**, leistet der Meerjungfrau Gesellschaft. Gemeinsam beobachten die beiden das fröhliche Treiben im Wasser. „Warum schwimmst du eigentlich nie mit den anderen Meerjungfrauen?", fragt die Möwe. Die Meerjungfrau schaut auf das weite Meer hinaus und überlegt. Dann antwortet sie: „Das Wasser macht mir Angst. Es ist so tief und unergründlich. Außerdem mag ich es nicht, wenn ich Wasser in die Augen bekomme."

Die anderen Meerjungfrauen planschen in den leichten Wellen. Sie haben Spaß: Ihr Lachen dringt bis zum Felsen. Immer wieder rufen sie der Meerjungfrau zu: „Komm doch auch ins Wasser, es ist herrlich!" Vorsichtig beugt sich die Meerjungfrau über den Felsvorsprung. Sie betrachtet die Wasseroberfläche. Das Wasser ist tiefblau und undurchsichtig. Auf den Wellen tanzen kleine, weiße Schaumkronen. Der Meerjungfrau ist es mulmig zumute. Ihre Schwanzflosse zittert leicht, als sie sie langsam in Richtung Wasser streckt. Als sie das kühle Wasser berührt, krampft sich der Magen der Meerjungfrau zusammen. Schnell zieht sie ihre Schwanzflosse wieder zurück. Nein, niemand kann sie dazu bringen, sich ins Wasser zu wagen! Zu groß ist ihre Angst …

Ihre Freundin, die Möwe, tippt der Meerjungfrau mit dem Schnabel an die Schulter: „Was ist mit dir? Du zitterst ja!“ – „Ach, es ist nichts“, antwortet die Meerjungfrau leise. Ihr Hals ist wie zugeschnürt.

Die Möwe möchte die Meerjungfrau aufmuntern: „Sieh mal, was ich am Strand gefunden habe!“ Unter ihrem Flügel zaubert sie drei wunderschöne, glänzende **Perlen** hervor und legt sie vorsichtig vor sich auf den Felsen. Perlmuttfarben schimmern die Perlen in der Sonne. Was für ein wunderschöner Anblick! „Sie sind der größte Schatz, den ich besitze“, sagt die Möwe stolz.

Während die Meerjungfrau die schimmernden Perlen bestaunt, macht es plötzlich einen großen Platsch! Huch! Die **Robbe** taucht vor dem Felsen auf, schüttelt sich und prustet ein paar Wassertropfen aus ihrer Schnauze. Die Meerjungfrau weicht erschrocken zurück.

„Komm doch ins Wasser und spiel mit mir!“, ruft die Robbe. Übermütig schlägt sie einen Purzelbaum in den Wellen. Aus Versehen spritzt sie die Meerjungfrau nass. Als die kühlen Wassertropfen über ihre Haut rinnen, bekommt die Meerjungfrau Gänsehaut am ganzen Körper. Die Angst kriecht ihr bis in die Haarspitzen. Sie schlingt ihre Arme schützend um ihren Körper. Die Möwe flattert auf: „He, pass doch auf!“, ruft sie. „Schon gut, schon gut“, murrt die Robbe und taucht ins tiefblaue Wasser ab.

Die Meerjungfrau schüttelt die Wassertropfen von ihren Armen ab. Langsam lässt der Schreck nach. „Komm“, sagt die Möwe, „lass uns mit meinen Perlen spielen!“ Sie rollt der Meerjungfrau die wunderschönen, glänzenden Perlen zu. Doch gerade als die Meerjungfrau nach ihnen greifen will, kullern die Perlen den Felsen hinunter – und fallen ins Meer: Plitsch … plitsch … platsch!

Oje, die Meerjungfrau zuckt zusammen. Die Perlen sind ihrer Freundin, der Möwe, doch so wichtig! Entsetzt schaut die Meerjungfrau auf das tiefe, blaue Wasser. Sie zögert einen kurzen Moment, dann nimmt sie all ihren Mut zusammen, holt tief Luft, kneift die Augen zusammen und ... springt. Platsch!

Das kühle Wasser umhüllt ihren Körper. Das Herz schlägt der Meerjungfrau bis zum Hals. Sie macht ein, zwei zaghafte Schläge mit ihrer Schwanzflosse. Zuerst fühlt es sich ungewohnt an. Doch dann merkt die Meerjungfrau, wie sicher sie sich im Wasser bewegt. Fast so, als hätte sie nie etwas anderes getan! Sie öffnet ihre Augen. Plötzlich ist ihre Angst wie weggeblasen. Guter Dinge taucht und schwimmt die Meerjungfrau den Perlen hinterher, bis sie alle drei sicher geborgen hat.

Reflexionsfragen:

- Wie fühlt sich die Meerjungfrau in der Geschichte?
- Wovor hat sie Angst?
- Was passiert am Ende der Geschichte?
- Hat die Meerjungfrau am Ende immer noch Angst?
- Hattest du auch schon einmal Angst?
- Wovor hattest du Angst?
- Wie hat sich das für dich angefühlt?
- Wo in deinem Körper hast du die Angst gespürt?
- Hast du es geschafft, die Angst zu besiegen?
- Was hilft dir, wenn du Angst hast?
- Hast du auch schon einmal deine Angst überwunden?
- Welchen Sinn hat Angst? Hat sie auch etwas Gutes?

Wovor fürchten sich die Drachen?

Themen | Angst, Unsicherheit, Schreck, irrationale Angst, Angst vor kleinen Tieren

Material | Aufsteller „Drache", Maus, schwarzes Stoffstückchen, Kugel, Schnur, Bäume (Zauberwald), Zweig

Tipp | Binden Sie die Kugel mithilfe der Schnur in den Stoff ein, sodass eine Art dunkles Gespenst (fremdes Wesen) entsteht.

Hinweis zur Durchführung | Der Drache fürchtet sich vor einem dunklen, fremden Wesen – erst am Ende der Geschichte wird die Maus aus dem Säckchen geholt.

Ein großer, grüner **Drache**
lief durch den **Zauberwald** *(Bäume)*.
Er zischelte und spuckte Flammen,
denn ihm war ein bisschen kalt.

Der Drache sah kaum andre Tiere,
alle liefen vor ihm fort.
Was ja auch kein Wunder war –
der Wildeste war er am Ort.

Als er um eine Ecke bog,
da hörte er ein Knacken.
Vielleicht ein **Zweig** im Unterholz?
Er blähte auf die Backen.

Huch, da flitzte doch grad was,
der Drache bückte sich tiefer.
Da hat sich doch etwas bewegt
am Stamm der großen Kiefer!

Ach, du Schreck, was war denn das?
Ein seltsam **fremdes Wesen** –
es sah ziemlich gruslig aus,
ist grau und fies gewesen.

Dem Drachen wurde heiß und kalt,
was war das für ein Tier?
'Ne Gänsehaut bekam er bald,
vor Angst, das glaube mir.

Sein Herz rutschte ihm in die Knie,
es schlug ganz laut, bumm, bumm.
Er zitterte so wie noch nie,
vor Angst war er ganz stumm.

Die Schuppen standen ihm zu Berge,
er machte keinen Mucks.
Was ist das denn bloß für ein Tier –
ein Reh, Dachs, Hase, Fuchs?

Das fremde Wesen machte plötzlich
'nen kleinen Schritt nach vorn.
Der Drache wich vor ihm zurück.
Hatte es auch ein Horn?

Das Monster kicherte ganz leise.
Der Drache bibberte gemach,
hatte 'nen dicken Kloß im Hals,
als das Monster sprach:

„Guten Morgen, Herr Kollege,
was ist los, wie sieht es aus?
Hat ein großer, starker Drache
wirklich Angst vor einer **Maus**?!

Reflexionsfragen:

- Wie fühlt sich der Drache in der Geschichte?
- Wovor hat er solche Angst?
- Wie löst sich die Geschichte am Ende auf?
- Hattest du auch schon einmal Angst?
- Hattest du schon einmal Angst vor etwas, das gar nicht gefährlich ist?
- Wie fühlt sich Angst für dich an? Wo in deinem Körper spürst du die Angst?
- Was hilft dir, wenn du Angst hast?

Monsterfreie Zone!

Themen | Angst im Dunkeln, Unsicherheit, Schreck

Material | Aufsteller „Daya", Mann (Papa), schwarzer Bommel (Monster), Bett, kleine Decke, kleine Taschenlampe, Taschenspiegel, kleines Sprühfläschchen mit Wasser, kleines Stück Stoff mit einem Loch (Tarnumhang)

Tipp | Alternativ können Sie ein Gespenst bzw. Monster basteln, indem Sie eine Holzkugel mithilfe einer Schnur in ein Stück schwarzen Stoff einbinden.

Verschlafen reibt sich **Daya** im **Bett** die Augen. Um sie herum ist es dunkel. Nur das kleine Nachtlicht in der Steckdose leuchtet gelblich. Gerade will Daya nach ihrem Kuschelaffen Bodo tasten, da zuckt sie zusammen. Was war das? War da nicht ein dunkler Schatten? Daya wird heiß und kalt zugleich. Ihr Herz beginnt, zu pochen.

Ängstlich zieht sich Daya die **Decke** bis zum Kinn. Plötzlich sieht sie lauter Schatten an der Wand ihres Kinderzimmers. Das Herz schlägt ihr jetzt bis zum Hals. Der große Schatten neben dem Kleiderschrank sieht aus wie ein gruseliges **Monster** *(schwarzer Bommel)*. Ganz dunkel und zerzaust ist es. Und da! Hat sich nicht der Vorhang leicht bewegt? Daya spürt, wie eine Gänsehaut ihre Arme hinaufkriecht.

Das dunkle Monster neben dem Kleiderschrank ist ganz still. Es bewegt sich nicht. Aber es sieht ziemlich düster aus. Daya fürchtet sich. Sie drückt Bodo fest an sich. Plötzlich nimmt sie aus dem Augenwinkel eine Bewegung wahr. Die Tür ihres Zimmers geht auf ... Daya hält erschrocken die Luft an. Ihr Herz setzt für einen kurzen Augenblick aus. Da schaut **Papas** verschlafenes

Gesicht durch den Türspalt. Daya fällt ein riesengroßer Stein vom Herzen. Jetzt ist sie nicht mehr allein mit dem dunklen Monster.

Papa sieht ziemlich verstrubbelt und müde aus. Aber Papa versteht Dayas Angst. Ja, wirklich, da ist ein Monster hinter dem Vorhang. Papa sieht es auch: Es ist ganz dunkel und zerzaust – und bestimmt sehr frech und unerschrocken! Papa knipst das große Licht an. Er schaut Daya an und reibt sich das Kinn: „Hast du eine Idee, wie wir das Monster verscheuchen können?" Daya überlegt: „Hmm, keine Ahnung!" Papa schaut ganz ernst: „Wusstest du, dass Monster allergisch gegen Licht sind?" Dayas Augen werden groß. „Ja, wirklich", sagt Papa. „Wir legen eine **Taschenlampe** in dein Bett, mit der du das Monster blenden kannst, falls es wiederkommt." – „Und das reicht?", fragt Daya etwas unsicher. „Auf keinen Fall", sagt Papa und grinst verschmitzt. „Zur Sicherheit legen wir auch noch einen **Spiegel** dazu." – „Was? Warum einen Spiegel?", wundert sich Daya. „Na, ist doch klar", erklärt Papa, „wenn das Monster in den Spiegel schaut, erschrickt es ganz doll und ergreift die Flucht." Daya überlegt. Das klingt logisch. Wie gut, dass Papa sich so gut mit Monstern auskennt!

„Und um ganz sicherzugehen", meint Papa, „könnten wir ganz laut und extra schief singen, damit das Monster Angst bekommt und sich endgültig verkrümelt." Sofort stimmt er „Alle meine Entchen" an. Es klingt wirklich ziemlich schräg. Daya hält sich die Ohren zu. „Oder wir pupsen", schlägt sie vor und kichert. „Bestimmt mögen Monster es nicht, wenn es müffelt!" – „Oh ja, gute Idee", sagt Papa. „Und außerdem haben Monster ziemlich große Angst vor meinem Anti-Monster-Spray!" – „Anti ... was?", fragt Daya verwundert. Papa saust ins Bad. Als er zurückkommt, hat er ein kleines **Fläschchen** *(Sprühfläschchen mit Wasser)* in der Hand. „Pssst", flüstert er, „das ist mein berühmtes Anti-Monster-Spray. Damit schlägst du jedes Monster in die Flucht!" Er sprüht einen Spritzer davon in die Luft. Daya schnuppert: Hmm, das riecht ja nach gar nichts. Aber Papa wird es schon wissen! Daya fühlt sich immer ruhiger.

„So, und zum Schluss", Papa guckt verschwörerisch, „bekommst du noch einen monstersicheren **Tarnumhang** *(Stoff mit Loch)*." Er legt Daya die kuschelige Wolldecke um die Schultern. „Mit diesem Tarnumhang bist du für die Monster unsichtbar." Daya kuschelt sich in die Decke. Flauschig und geborgen fühlt sich das an.

„Und nun", sagt Papa, „versuchen wir, zu schlafen. Einverstanden?" – „Ja!", ruft Daya. Sie fühlt sich bestens gewappnet. Die Angst ist komplett verflogen. „Ab jetzt ist hier monsterfreie Zone!"

Reflexionsfragen:

- Wie fühlt sich Daya am Anfang der Geschichte?
- Wovor hat Daya Angst?
- Was tut Daya gegen ihre Angst?
- Wie fühlt sich Daya am Ende der Geschichte?
- Hattest du auch schon einmal Angst?
- Wovor hattest du Angst?
- Wie fühlt sich Angst für dich an?
- Wo in deinem Körper spürst du die Angst?
- Was kannst du gegen die Angst tun?
- Hast du es schon einmal geschafft, deine Angst zu besiegen?
- Welchen Sinn hat Angst? Hat sie auch etwas Gutes?

Drache Drops kommt in die Schule

Themen | Unsicherheit, Angst vor Unbekanntem, Veränderung, Schulbeginn

Material | Aufsteller „Drache Drops", kleiner Drache (Dipsy), 2 große Drachen (Drachnella und Frau Schuppengrün), Schultüte, Block, Stifte, Radiergummi, Seifenblasen

Hinweis zur Durchführung | An der Stelle, wo es darum geht, dass Drops seinen Namen schon schreiben kann, können Sie die Stifte und den Block aus dem Säckchen holen. Die Kinder, die ihre Namen bereits schreiben können, dürfen das auf dem Block tun. Den anderen können Sie ihre Namen vorschreiben.

Für **Drache Drops** und seine Freundinnen und Freunde steht der Schulstart vor der Tür. Drops ist aufgeregt. Wenn er an die Drachenschule denkt, fühlt er sich unbehaglich und unsicher. Es grummelt in seinem Drachenbauch. Dort blubbern einige Sorgen herum. Denn wer weiß, was in der Drachenschule auf ihn zukommt? Fliegen und Feuerspucken sind ja kein Problem – aber was ist mit Lesen, Schreiben und Rechnen? Seinen Namen kann Drops schon schreiben, aber sonst? Und überhaupt! Wird er den Drachenlehrer mögen? Und zu wem soll Drops gehen, wenn er sich wehtut oder traurig ist?

Dipsy, der beste Freund von Drops, ist auch ein Vorschuldrache. Die beiden kommen im Herbst in dieselbe Klasse. Doch im Gegensatz zu Drops freut sich Dipsy sehr auf die Schule. Er ist stolz, zu den Großen zu gehören. Er hat sich schon einen dunkelblauen Schulranzen mit Leuchtstreifen ausgesucht. Und er überlegt jeden Tag, welche tollen Überraschungen wohl in seiner **Schultüte** stecken werden! Doch das ist Drops egal.

Einmal, als die Erzieherin **Drachnella** im Sitzkreis fragt, ob sich die Vorschuldrachen schon auf die Schule freuen, verschränkt Drops trotzig seine Arme und schaut weg. Drachnella erzählt, dass sie in der nächsten Woche gemeinsam einen Ausflug zur Drachenschule machen werden, um ihre Lehrerin kennenzulernen. Drops muss schlucken. Nein, er freut sich überhaupt nicht auf die Drachenschule. Nicht das kleinste bisschen!

Drops beschließt, einfach im Drachenkindergarten zu bleiben. Da kennt er sich aus und fühlt sich wohl. Drops liebt die lustigen Spiele im Morgenkreis ... und die spannenden Geschichten von Drachnella ... und die Korbschaukel im Garten, die so schön quietscht, wenn man damit bis zu den Wolken schaukelt. Nein, Drops will nicht in die Schule, das steht fest.

Als die neue Woche beginnt, steht der Ausflug in die Drachenschule an. Die Drachenkinder packen **Block, Stifte und Radiergummi** ein, schultern ihre Rucksäcke und marschieren los. Widerwillig schlürft Drops mit. Lust hat er nämlich keine. Schon von Weitem erkennt Drops die vielen hundert Stufen, die zur Drachenschule hinaufführen – einem großen, weißen Gebäude mit vielen bunten Bildern an den Fensterscheiben. Als sie näherkommen, sieht Drops am Fuß der Treppe eine Drachendame stehen. Wer ist das?

„Hallo, **Frau Schuppengrün**!", grüßt Drachnella die Dame. „Frau Schuppengrün wird eure Lehrerin in der ersten Klasse sein", wendet sie sich an die Drachenkinder. Drops ist überrascht: Frau Schuppengrün sieht ziemlich nett aus!

Die Lehrerin begrüßt die Vorschuldrachen: „Herzlich willkommen in der Drachenschule! Ich freue mich, euch kennenzulernen. Gern zeige ich euch alles. Ihr werdet sehen, es ist schön bei uns in der Schule!" Frau Schuppengrüns Stimme klingt ganz warm – Drops ist erleichtert. Die grünen Drachenaugen der Lehrerin schauen so offen und freundlich in die Runde, dass plötzlich alle Angst von ihm abfällt. Drops hat das Gefühl, dass sein Herz auf einen Schlag um tausend Felsbrocken leichter ist – so leicht wie **Seifenblasen**!

Drops nimmt seinen Freund Dipsy an der Hand und marschiert los: eine Stufe nach der anderen, bis hinauf zum Schulhaus. Vielleicht ist Schule ja doch ein klitzekleines bisschen in Ordnung!

Reflexionsfragen:

- Wie fühlt sich Drops in der Geschichte?
- Warum fühlt sich Drops ängstlich und unsicher?
- Was passiert in der Geschichte?
- Wie fühlt sich Drops am Ende der Geschichte?
- Worauf freust du dich, wenn du in die Schule kommst?
- Gibt es etwas, das dir Sorgen macht, wenn du an die Schule denkst?
- Was könnte dir helfen, dass diese Sorgen/Ängste kleiner werden?
- Was könnten wir gemeinsam tun, damit ihr die Schule besser kennenlernt?

Mut und Stolz

Die Rettung des Prinzen

Themen | Mut, Stärke, Überwindung

Material | Aufsteller „Prinzessin", Prinz, Pferd, Drache, Schlossturm, Schwert

Tipp | Aus einer leeren Toilettenpapierrolle und etwas Glanz- oder Goldpapier lässt sich im Handumdrehen der hübsche Turm eines Königsschlosses basteln. Ein Schwert könnte aus einem Eisstäbchen und einem kleinen Tonpapierstreifen entstehen.

Die **Prinzessin**, hoch zu **Ross** *(Pferd)*,
reitet hin zum **Königsschloss** *(Schlossturm)*.

Sie will den edlen Prinzen befreien
von den Drachen, die Feuer speien.

Im Schloss angekommen, zückt sie ihr **Schwert**,
weil ihr ein **Drache** den Eingang verwehrt.

Die Prinzessin schluckt, doch dann fasst sie Mut,
tut das, was eine Prinzessin halt tut:

Sie holt tief Luft, nimmt Anlauf dazu,
komm her, du Drache, hier bin ich, juchhu!

Mutig schwingt sie das Schwert hin und her,
der grimmige Drache, er fürchtet sich sehr.

Die starke Prinzessin freut sich und lacht,
als ihr der Drache den Eingang frei macht.

Eilig steigt sie die Stufen hinauf,
erklimmt den Schlossturm in schnellem Lauf.

Hier oben im Turm muss der **Prinz** doch wohl sein ...
da ist er ja – doch er schläft wie ein Stein!

Der Prinz, der schlief wohl hundert Jahr,
sie küsst ihn wach, hurra, hurra!

Prinz und Prinzessin springen aufs Ross
und reiten weg von Drache und Schloss.

Ihr glaubt mir nicht, nein?
Ich schwör Stein und Bein:
Prinzessinnen können mutig und heldenhaft sein!

Reflexionsfragen:

- Wie fühlt sich die Prinzessin in der Geschichte?
- Was hat sie durch ihren Mut geschafft?
- Hättest du gedacht, dass die Prinzessin das schafft?
- Hast du dich auch schon einmal stark und mutig gefühlt?
- Wie fühlt sich Mut für dich an?
- Wo in deinem Körper spürst du Mut?
- Was kannst du tun, um mutig zu werden?

Koko traut sich

Themen | Stolz, Mut, Ängste überwinden

Material | Aufsteller „Kobold Koko", weitere Kobolde, grünes Tuch (Spielplatz), Rutsche mit Leiter, Schraubdeckel (Korbschaukel), Baum (größer als die Rutsche)

Tipp | Eine Rutsche können Sie aus einer längs halbierten Papprolle herstellen. Alternativ nehmen Sie einen langen, schmalen Pappstreifen, den Sie in der Mitte abknicken. Auf der Leiterseite deuten Sie mit einem Filzstift die Stufen der Leiter an. Eine Korbschaukel können Sie einfach mit einem Schraubdeckel andeuten.

Hinweis zur Durchführung | Breiten Sie ein grünes Tuch als Spielplatz und Spielfläche aus.

Immer dann, wenn alle Kinder vom Spielplatz nach Hause gehen und es dort ganz ruhig wird, kommen die **Spielplatzkobolde** aus ihren Löchern. Am Rand der Sandkiste krabbeln sie aus ihren kleinen Höhlenverstecken und erkunden vergnügt den menschenleeren **Spielplatz** *(grünes Tuch)*. Quatsch und Unfug stellen sie nicht an, sie wollen einfach nur ganz in Ruhe spielen. Vielleicht knabbern sie mal an einem liegen gebliebenen Gummibärchen, aber sonst wird nur gerutscht, geschaukelt und geklettert, was das Zeug hält. Fröhlich quietschend, purzeln die Kobolde quer durch die Sandkiste, sausen über das Trampolin und hangeln sich am Klettergerüst entlang.

Das Highlight des Spielplatzes ist die **Rutsche**. Die Rutsche ist sehr lang und ganz schön hoch. Fast so hoch wie der große **Baum** daneben. Die große Rutsche hinabzusausen, ist durchaus eine Mutprobe für die kleinen Kobolde.

Der kleinste Kobold, **Koko** heißt er, will auch gern mit auf die große Rutsche. Unbefangen klettert er den anderen auf der Leiter hinterher, Stufe für Stufe, bis ganz oben. Doch als er seinen Kopf hebt und die Rutsche hinunterschaut, verlässt ihn der Mut. Ist das hoch! Sein kleines Koboldherz rutscht ihm in die Hose. Koko zögert kurz. Doch die Angst ist zu groß. Mit einem dicken Kloß im Hals klettert der kleine Kobold die Leiter rückwärts wieder hinunter. Ein paar der anderen Kobolde kichern und flüstern hinter vorgehaltener Hand.

Seitdem schaut Koko jeden Tag den anderen Kobolden beim Rutschen zu. Aus sicherer Entfernung. Er sitzt dann auf der **Korbschaukel** *(Schraubdeckel)* und hört die anderen johlen und jauchzen. Warum nur ist er der Einzige, der sich nicht traut?

So vergeht Tag um Tag. Koko sitzt in der Korbschaukel. Es vergeht Woche um Woche. Koko sitzt in der Korbschaukel. Und eines Tages fasst Koko einen Entschluss. Als die anderen Kobolde ihre Rutschpartie beendet haben, marschiert er zielstrebig auf die große Rutsche zu. Stufe für Stufe steigt er die Leiter hinauf. Oben angekommen, schaut er nach unten und nimmt all seinen Mut zusammen. Koko war sich noch nie so sicher. Er holt tief Luft, setzt sich auf seinen Po ... und lässt los. Huuuuuuuuuuuuuui! Schnell wie der Wind rutscht Koko die große Rutsche hinunter. Mit jedem Meter fühlt er sich leichter.

Und hopp, schon ist er unten angekommen und landet mit einem Ruck im weichen Sand. Der Kloß im Hals ist weg. Koko ist mächtig stolz: Er hat es geschafft. Endlich hat er sich getraut! Der kleine Kobold strahlt von einem Ohr bis zum anderen: Wow, das war richtig toll!

Reflexionsfragen:

- Wie fühlt sich der Kobold Koko anfangs auf der Rutsche?
- Wie fühlt er sich am Ende, als er sich getraut hat, zu rutschen?
- Standest du auch schon einmal vor einer großen Herausforderung?
- Warst du auch schon einmal mutig und anschließend stolz auf dich?
- Wie fühlt sich Stolz für dich an?
- Wo in deinem Körper spürst du Stolz?
- Wie kannst du Stolz ausdrücken?
- Was kannst du tun, um mutig zu werden?

Das beste Rührei der Welt

Themen | Stolz, Selbstständigkeit, Autonomie, Selbstwirksamkeit

Material | Aufsteller „Thilo", 2 Münzen, Zebrastreifen, Schüssel, Pfanne, Schneebesen, Eierkarton, Eier, Milch, Salzstreuer, Rührei

Tipp | Die Kochutensilien und -zutaten finden sich vielleicht in der Spielküche. Das Rührei können Sie beispielsweise aus gelben Filzschnipseln herstellen, die 2-Euro-Münzen alternativ aus Tonkarton, den Zebrastreifen aus Tonpapier.

„Mama, kann ich mir ein Rührei machen?" **Thilo** hat Hunger. „Wir haben keine Eier mehr da", sagt Mama. „Sollen wir gemeinsam welche kaufen gehen?" – „Das kann ich schon allein!", sagt Thilo und saust zur Garderobe.

„Ich kann dich aber auch begleiten", bietet Mama an. „Nein", erwidert Thilo, „ich bin doch kein Baby mehr!" Er schlüpft in seinen Anorak und zieht den Reißverschluss zu. „Einverstanden", sagt Mama, „aber pass gut auf, wenn du die Straße überquerst!" Sie reicht Thilo zwei **Münzen**. „Und immer schön auf dem Gehweg bleiben", sagt Mama und gibt Thilo ein Küsschen.

Mit großen Schritten marschiert Thilo los. Den Weg kennt er wie seine Westentasche, denn denselben Weg geht er auch jeden Tag zum Kindergarten. Und vor dem Kindergarten, unter den großen Kastanienbäumen, da steht der Eierautomat.

Als Thilo sich der großen Straße nähert, wird er langsamer. Schon komisch, so ganz allein, ohne Mama und Papa. Thilo schaut sich um. Gleichzeitig fühlt er sich schon so groß, fast so groß wie seine Schwester Lilly. Beim **Zebrastreifen** angekommen, bleibt Thilo stehen. Er schaut links … und rechts … und noch mal links … und rechts … kein Auto in Sicht! Fröhlich hopst Thilo über die Straße. Als er um die Kurve biegt, sieht er auch schon den Eierautomaten.

Thilo holt die beiden Münzen aus seiner Tasche. Er streckt sich ganz lang und lässt erst die eine, dann die andere Münze in den silbernen Schlitz des Automaten gleiten. Das geht ganz einfach. Thilo hat es schon oft gemacht. Jetzt drückt Thilo die silbernen Tasten. Und schwups, schon springt eines der vielen kleinen Türchen auf und Thilo kann einen **Eierkarton** herausnehmen. Mit einer Hand öffnet er den Deckel: Gut, alle **Eier** sind da! Thilos Magen knurrt leise. So, jetzt schnell ab nach Hause!

Als Thilo zu Hause ankommt, streift er schnell Schuhe und Jacke ab und flitzt mit den Eiern in die Küche. Vorbei an Mama, die ihm überrascht hinterherschaut. Thilo holt eine **Schüssel**, eine **Pfanne** und einen **Schneebesen** aus den Schubladen. Er weiß ja, wo alles ist. Dann steigt er auf seinen Hocker und stellt die Schüssel vor sich hin. Gerade als er ein Ei aus dem Karton nimmt, will Mama ihm helfen. „Nein, Mama“, beschwert sich Thilo, „ich kann das schon allein!“ Mit Schmackes schlägt er das Ei auf den Rand der Schüssel. Ups, ein Stückchen Schale ist mit in der Schüssel gelandet. Ach, egal, halb so schlimm! Thilo gießt einen Schuss **Milch** in die Schüssel, wie es Mama sonst immer macht. Dann greift er nach dem Schneebesen und rührt beherzt um. Er überlegt: Fehlt noch etwas? Ach ja, das **Salz**!

Einen Moment schaut Thilo zufrieden zu, wie sein **Rührei** in der Pfanne brutzelt. Schön goldgelb ... toll sieht es aus! „Mama, schau mal, mein Ei ist gleich fertig!“, sagt Thilo stolz. Da kommt Papa herein und schnuppert: „Lecker, hat Mama dir ein Rührei gemacht?“ – „Neiiin“, ruft Thilo stolz, „das habe ich ganz allein gemacht!“ Thilo strahlt. Er gibt sein Rührei auf einen Teller, pikst mit der Gabel hinein und lässt es sich dann auf der Zunge zergehen: Mmh, das ist wirklich das beste Rührei der Welt!

Reflexionsfragen:

- Wie fühlt sich Thilo in der Geschichte?
- Warum ist er stolz auf sich?
- Warst du auch schon einmal stolz, dass du etwas allein geschafft hast?
- Wie fühlt sich Stolz für dich an?
- Wo in deinem Körper spürst du Stolz?
- Gibt es etwas, das du bald allein schaffen möchtest?

Welche Stärke hast denn du?

Themen | Stolz, Stärken und Talente, Selbstwert, Individualität

Material | Aufsteller „Pitti Pinguin“, Papa Pinguin, Adler, Gepard, Affe, Känguru, Vogel, Baum, flacher Stein, blaues Tuch (Wasser)

Hinweis zur Durchführung | Jede*r kann ein*e Meister*in sein – in der letzten Textstrophe können Sie das Geschlecht in jedem Durchgang variieren!

Pinguin Pitti ist betrübt,
denn egal, wie viel er übt –
schaut er die andren Tiere an,
dann denkt er, dass er gar nichts kann.

Der **Adler** fliegt ganz hoch hinauf,
durch die Luft: „Das will ich auch!“
Schon breitet Pitti die Flügel aus –
und landet, plumps, auf seinem Bauch.

Der **Gepard** rennt schnell wie der Blitz.
Man sieht ihn kaum, das ist kein Witz!
Pitti denkt: ‚Schau, wie ich saus!‘
Doch, hoppsassa, da rutscht er aus.

Der **Affe** klettert auf den **Baum**.
Für Pitti ist das echt ein Traum.
Beherzt greift er ein Ästchen, doch
nicht mal ein Stückchen kommt er hoch!

Das **Känguru** springt weit im Gras.
Pitti denkt, das wär ein Spaß!
Nimmt Anlauf und probiert es aus –
schafft nur 'nen Hopser wie 'ne Maus.

Pitti hört 'nen **Vogel** singen –
„Oh, so schön will ich auch klingen!"
Schon stimmt er ein Liedchen an,
doch er krächzt nur schief, oh Mann!

Pitti seufzt, er ist betrübt,
denn egal, wie viel er übt –
schaut er die andren Tiere an,
dann denkt er, dass er gar nichts kann.

Da kommt **Papa Pinguin**,
sieht Pitti eine Schnute ziehn:
„Pittilein, was ist denn los?
Komm mal her auf meinen Schoß!"

„Ach, Paps", sagt Pitti Pinguin,
„was kann ich schon? Ich krieg nichts hin!
Ich will fliegen, rennen, springen
oder schöne Töne singen!"

Papa nickt verständnisvoll:
„Fliegen, ja, das wär schon toll.
Der Adler fliegt, der Gepard rennt –
du hast *dein eigenes* Talent!"

Jedes Tier hat starke Seiten –
und du kannst gut durchs Wasser gleiten.
Schwimmen, das ist dein Talent,
egal, wie schnell der Gepard rennt!

Pitti überlegt nicht lang,
sucht sich einen kleinen Hang,
legt seinen Bauch auf einen **Stein**
und gleitet sanft ins **Wasser** *(blaues Tuch)* rein.

Pitti paddelt, Pitti schwimmt,
ja, er hat Talent, das stimmt.
Der Pinguin schöpft neuen Mut –
ja, schwimmen kann er supergut!

Affe, Adler, Känguru
schau'n Pitti ganz bewundernd zu.
Und Pitti, unser großer Schwimmer,
ist mächtig stolz auf sich – für immer!

Ob Tier, ob Mensch, ob groß, ob klein,
jede*r kann ein*e Meister*in sein!
Jetzt überleg auch du im Nu:
Welche Stärke hast denn du?

Reflexionsfragen:

- Wie fühlt sich Pitti Pinguin, als er die anderen Tiere beobachtet?
- Wie fühlt er sich, als er am Ende der Geschichte durch das Wasser gleitet?
- Worauf ist er stolz?
- Was ist dein besonderes Talent? Was kannst du besonders gut?
- Worauf bist du stolz?
- Wie fühlt sich Stolz für dich an?
- Wo in deinem Körper spürst du Stolz?
- Wie kannst du Stolz ausdrücken?

Eifersucht und Neid

Benedikt und das Baby

Themen | Eifersucht, Konkurrenz unter Geschwistern

Material | Aufsteller „Benedikt", Frau (Mama), Baby, gemaltes Bild, Fläschchen, Breischüssel und Löffel, Windel

Tipp | Ein Baby mit Zubehör könnten Sie in der Puppenstube finden. Ansonsten können Sie Fläschchen und Breischüssel auch aus Tonpapier herstellen und eine Windel für ein kleines Püppchen aus einem Stoffrest basteln.

Hinweis zur Durchführung | Die Kinder können an den entsprechenden Textstellen die Babypflege übernehmen.

„Mama, schau mal, was für ein schönes **Bild** ich gemalt habe!" **Benedikt** ist stolz. Erwartungsvoll hält er **Mama** das bunte Kunstwerk hin. Doch die hebt nur kurz den Blick, bevor sie sich wieder dem **Baby** auf ihrem Arm zuwendet: „Schön, Benedikt!"

Benedikt schluckt. Mama interessiert sich gar nicht für sein Bild. Sie füttert lieber das Baby mit dem **Fläschchen**. Und sowieso! Sie kümmert sich den ganzen Tag nur um das Baby. Ist er ihr denn gar nicht mehr wichtig? Wenn sie gerade kein Fläschchen gibt, dann füttert sie **Brei**. Oder wechselt **Windeln**. Oder trägt das Baby durch die Wohnung und singt dabei leise vor sich hin. Und immer, wenn sie einmal mit Benedikt spielt, schreit das Baby und sie muss schon wieder nach ihm schauen.

Benedikt seufzt. Er fühlt wieder diesen dumpfen Schmerz in seiner Brust. Der ist schon da, seit das Baby auf die Welt gekommen ist. Und er geht nie ganz weg. Manchmal fühlt sich Benedikt so klein wie eine Maus. Und genauso grau. Er hat das Gefühl, dass Mama ihn gar nicht mehr sieht. Früher war sie immer für ihn da. Bevor das Baby in die Familie kam. Am liebsten wäre Benedikt auch noch mal ein kleines Baby. Dann würde sich Mama den ganzen Tag um ihn kümmern. So wie früher!

Mama merkt, dass Benedikt unglücklich ist. „Komm, mein Großer", sagt sie und legt den Arm liebevoll um Benedikts Schultern, „wir kümmern uns gemeinsam um deine kleine Schwester. Und anschließend passt Papa auf sie auf und ich gehe mit dir auf den Spielplatz. Nur wir beide!" – „Au ja!", sagt Benedikt und kuschelt sich an Mama.

Reflexionsfragen:

- Wie fühlt sich Benedikt in der Geschichte?
- Warum fühlt er sich so klein und unwichtig?
- Warum ist er eifersüchtig?
- Was wünscht er sich von seiner Mama?
- Warst du auch schon einmal eifersüchtig?
- Wie fühlt sich Eifersucht für dich an?
- Wo in deinem Körper spürst du die Eifersucht?
- Was kann helfen, wenn jemand eifersüchtig ist?

Hexe Hilda will auch

Themen | Neid auf Spielzeug

Material | Aufsteller „Hexe Hilda", 2 Hexen (Hermine und Hilaria), Hexenbesen, Kristallkugel, Hexenbüchlein, kleine Baumscheibe (Baumstumpf)

Tipp | Ein Hexenbesen entsteht schnell aus einem Bleistift, einigen Wollfäden und einem Gummiband. Als Kristallkugel könnten eine kleine Schneekugel, eine große, schillernde Murmel oder ein Glitzerflummi zum Einsatz kommen. Und das kleine Hexenbuch lässt sich aus ein paar Stückchen Goldpapier zusammenheften.

Hexe Hilda ist unzufrieden. Wie jeden Nachmittag spielt sie auf der Mondlichtung im Zauberwald mit ihren Hexenfreundinnen **Hermine und Hilaria**. Und wie jeden Nachmittag ärgert sie sich darüber, dass Hermine so einen oberkrassen **Hexenbesen** hat. Kein anderer Besen fliegt solche Loopings wie ihrer. Hildas Besen, zum Beispiel, fliegt nur geradeaus. Gerade saust Hermine lachend mit einem kleinen Looping über Hildas Kopf hinweg. „Hey, Hilda, wo bleibst du?", ruft sie aus der Luft.

„Lass mich, ich hab keine Lust auf Fliegen!", ruft Hilda grimmig zurück. Sie wendet sich ab und zupft an einer gelben Blume herum. Hermine und Hilaria landen neben ihr. „Kommt", schlägt Hilaria vor, „wenn Hilda nicht fliegen will, dann spielen wir mit meiner **Kristallkugel**!" Au ja, da ist Hilda sofort dabei. Hilarias Kristallkugel ist supermagisch. Sie zeigt einem die Zukunft so wie ein verhexter Fernseher. Letztes Mal konnten sie in der Kugel sehen, wie die Oberhexe Majestezia kopfüber in den Sumpf der Trolle geplumpst ist – das war wirklich zum Brüllen komisch!

Hilaria legt ihre Kristallkugel vorsichtig auf einen bemoosten **Baumstumpf** *(Baumscheibe)*. Die Hexenfreundinnen knien sich im Kreis um die Kugel herum. Als Hilaria beginnt, mit beiden Händen über die Kugel zu reiben und leise einen Zukunftszauber[4] zu murmeln, beginnt die Magie: In der Kugel beginnt es, zu flirren und zu flimmern. Es sieht aus, als ob Tausende kleiner, glitzernder Sternchen im Kreis wirbeln. Hilda schaut ganz gebannt in die Kristallkugel. Wow, ist das schön! „Aber warum besitze ich nicht so eine wundervoll magische Kugel? Das ist ungerecht!", denkt Hilda zerknirscht.

Sie steht auf und verschränkt missmutig die Arme. Dann kickt sie mit dem Fuß gegen den Baumstumpf. Autsch, das hat auch noch wehgetan ... Hilda schimpft leise vor sich hin! Irritiert nimmt Hilaria die Hände von ihrer Kristallkugel. „Mann, Hilda, was ist denn mit dir los?", fragt sie. Und auch Hermine zieht fragend die Augenbrauen nach oben.

Hilda zögert kurz. „Wisst ihr", sagt sie dann, „ihr habt so wunderschöne Hexensachen. Ich möchte auch so einen oberkrassen Hexenbesen haben! Und so eine supermagische Kristallkugel!" Hilda schaut zu Boden und kaut auf ihrer Unterlippe. „Echt?", fragen Hermine und Hilaria wie aus einem Mund. „Aber Hilda, dafür hast du doch das kleine **Hexenbüchlein**!" Hilda überlegt. Es stimmt, ihr Hexenbüchlein ist zwar klitzeklein, aber es stehen *alle* Hexsprüche darin, die es auf der ganzen Welt gibt. Wirklich alle! Das ist doch mindestens genauso gut wie Hermines Hexenbesen und Hilarias Kristallkugel ... oder sogar viel besser! Und dann flüstert ihr Hermine noch ins Ohr: „Wenn du magst, dann leihe ich dir meinen Besen für einen Tag!"

Reflexionsfragen:

- Wie fühlt sich Hexe Hilda in der Geschichte?
- Worauf ist sie neidisch?
- Was hätte Hilda gegen ihren Neid tun können?
- Wie endet die Geschichte?
- Warst du auch schon einmal neidisch?
- Wie fühlt es sich für dich an, wenn du neidisch bist?
- Wo in deinem Körper spürst du den Neid?
- Was kannst du tun, wenn du auf jemanden neidisch bist?

---

[4] Der Zauber könnte lauten: Ene mene wilder Stier, zeige jetzt die Zukunft mir!

Das ist doch mein Platz!

Themen | Eifersucht, Freundschaft, Verlust, Konflikte

Material | Aufsteller „Lucie“, 2 Mädchen (Paula, Marlene), Holzeisenbahn, kleine Kuscheldecke, Schnur, gelbes Tuch (Sandkiste), Burg, Mini-Päckchen Gummibären

Hinweise zur Durchführung | Verknoten Sie die beiden Enden der Schnur, sodass ein Ring entsteht. Zu Beginn der Geschichte stehen Lucie und Paula gemeinsam im Ring. Als Marlene dazukommt, fühlt sich Lucie ausgeschlossen und steht außerhalb des Ringes. In den Ring legen Sie dann das gelbe Tuch, das die Sandkiste symbolisiert. Zum Schluss stehen alle drei Mädchen gemeinsam im Ring. Jedes Kind aus der Gruppe bekommt ein Mini-Päckchen Gummibären.

Lucie und **Paula** sind beste Freundinnen. Und das schon, seit sie gemeinsam ihren allerersten Tag in der Wolken-Gruppe hatten. Jeden Morgen hängt Lucie ihren Rucksack neben den von Paula und dann wird sie auch schon von Paula an der Gruppentür abgeholt. Am liebsten spielen die beiden Freundinnen in der Bauecke. Niemand baut so tolle Bahnstrecken für die **Holzeisenbahn** wie Lucie und Paula!

Doch eines Tages kommt ein neues Mädchen in die Wolken-Gruppe: **Marlene**. Plötzlich sitzt sie im Morgenkreis neben Paula. „Das ist doch mein Platz!“, denkt Lucie bedrückt. Und Marlene spielt auch mit Paula in der Bauecke. Lucie traut sich gar nicht, mitzuspielen. Mit gesenktem Kopf sitzt sie in sicherer Entfernung auf der Lesecouch und will sich am liebsten unter der **Kuscheldecke** verkriechen.

Lucie hört Paula lachen. Sie ist bedrückt. Will Paula gar nicht mehr ihre Freundin sein? Sie spürt, wie ihr eine Träne über die Wange kullert.

Ihr Herz tut weh. Sie fühlt sich ausgeschlossen und allein. Und gleichzeitig steigt Wut in ihrem Bauch auf: Wut auf Marlene! Wäre sie nicht da, dann wäre alles wie immer! Lucie kann Marlene nicht leiden. Sie findet Marlene richtig doof.

Am Nachmittag kommt Lucie mit Papa nach dem Einkaufen am Spielplatz vorbei. Da sieht sie Paula und Marlene einträchtig in der **Sandkiste** *(gelbes Tuch)* sitzen. Sie bauen eine **Burg**. Gerade will Lucie sich wegdrehen, da hört sie Paulas Stimme: „Hallo, Lucie!" Sie streckt ihr ein Tütchen **Gummibären** entgegen: „Magst du mit uns spielen?" Lucie zögert einen Moment. Papa nickt ihr aufmunternd zu. Da saust Lucie zur Sandkiste hinüber. Sie nimmt die Gummibären und setzt sich zwischen Paula und Marlene in den Sand. Lucie ist erleichtert. Sie gehört doch dazu! Paula reicht Lucie ein Förmchen und eine Schaufel: „Du bist immer noch meine beste Freundin", sagt sie, „und Marlene auch!"

Reflexionsfragen:

- Wie fühlt sich Lucie in der Geschichte?
- Warum ist sie traurig und wütend?
- Warum ist sie eifersüchtig?
- Was hätte Lucie gegen ihre Eifersucht tun können?
- Wie geht die Geschichte aus?
- Hast du eine beste Freundin oder einen besten Freund?
- Warst du auch schon einmal eifersüchtig?
- Wie fühlt es sich für dich an, wenn du eifersüchtig bist?
- Wo in deinem Körper spürst du die Eifersucht?
- Was kann dir helfen, wenn du eifersüchtig bist?

Scham und Schuld

Eine Handvoll Murmeln

Themen	Scham, Reue, Schuld
Material	Aufsteller „Matilda“, Mädchen (Zoé), Frau (Erzieherin Heike), Beutel mit 5 Murmeln, Täschchen (Hosentasche), grüner Dinosaurier, Glöckchen
Hinweis zur Durchführung	Wenn Matilda die Murmeln in ihre Hosentasche steckt, geben Sie sie stellvertretend in ein kleines Täschchen.

Im Kindergarten ist heute Spielzeugtag. Das heißt, jedes Kind darf ein Spielzeug von zu Hause mitbringen. **Matilda** hat lange überlegt, bevor sie sich für den kleinen, grünen **Dinosaurier** entschieden hat, den sie zu ihrem letzten Geburtstag bekommen hat.

Schon an der Garderobe guckt Matilda neugierig, was die anderen Kinder alles mitgebracht haben: Püppchen, Plüschtiere, Autos und Bagger – und Jonathan hat sogar violetten Zauberschleim dabei. Aber das Schönste überhaupt hat **Zoé** mitgebracht: Es sind fünf **Murmeln**, die sie aus einem kleinen **Beutel** hervorholt. Die Murmeln schillern wunderschön in allen Regenbogenfarben. Matilda kann kaum wegsehen, so schön findet sie die glänzenden Kugeln. Dafür würde sie sogar ihren Dino eintauschen.

Im Laufe des Vormittags bleibt Matilda immer in Zoés Nähe. Zu gern würde sie die wunderschönen Murmeln einmal in die Hand nehmen. Aber sie traut sich nicht, Zoé zu fragen. Als die Erzieherin mit dem **Glöckchen** klingelt, laufen alle Kinder zur Tür, um sich in Zweierreihen aufzustellen – es geht in den

Waschraum, bevor es Mittagessen gibt. Gerade als Matilda auf ihre Freundin Sina zulaufen will, sieht sie aus dem Augenwinkel etwas auf dem Maltisch liegen: den kleinen Beutel, der Zoé gehört. Ohne zu überlegen, greift Matilda nach dem Beutel, lässt die Murmeln herauspurzeln und steckt sie in ihre **Hosentasche** *(Täschchen)*. Dann stellt sie sich zu den anderen in die Reihe.

Beim stillen Spiel nach dem Mittagessen entsteht plötzlich Unruhe. Zoé ist aufgefallen, dass ihre Murmeln fehlen. Der leere Beutel liegt auf dem Maltisch ... aber keine Spur von den Murmeln! Matilda bekommt einen Schreck. Zoé beginnt, zu weinen. **Heike, die Erzieherin**, kommt dazu und versucht, Zoé zu trösten: „Wo hast du deine Murmeln denn liegen lassen? Komm, wir suchen sie gemeinsam – irgendwo müssen sie ja sein!" Matildas Herz setzt für einen kurzen Moment aus. „Hat jemand Zoés Murmeln gesehen?", fragt Heike in den Raum. Matilda spürt, wie ihr die Hitze in den Kopf steigt. Ihre Wangen beginnen, zu glühen. Schnell wendet sie den Blick ab.

Matildas Herz klopft ganz schnell. Sie steckt ihre Hand in die Hosentasche und lässt ihre Finger über die kühlen, glatten Murmeln gleiten. Die ganze Glühwürmchen-Gruppe wuselt jetzt durch den Raum – auf der Suche nach den verschwundenen Murmeln. Zoé steht immer noch am Maltisch und weint. Matilda fühlt sich schlecht. Sie hätte die Murmeln nicht nehmen dürfen! Sie merkt, wie die Tränen in ihr hochsteigen. In ihrer Brust spürt sie einen Stich. Sie wollte doch nicht, dass Zoé so traurig ist! „Es tut mir leid!", will sie am liebsten herausschreien. Doch sie schämt sich zu sehr – und bleibt stumm.

Irgendwann wird die Suche eingestellt. „Alle anziehen", ruft Heike, „wir gehen in den Garten!" Matilda lässt sich heute extra viel Zeit beim Anziehen. Und als fast alle anderen Kinder schon hinausgelaufen sind, schlendert sie langsam den Flur entlang in Richtung Glastür. Im Vorbeigehen holt sie die Murmeln aus ihrer Hosentasche und legt sie heimlich auf Zoés Garderobenplatz. Matildas Herz fühlt sich gleich um hundert Elefanten leichter an. Erleichtert hüpft sie zu den anderen nach draußen.

Reflexionsfragen:

- Wie fühlt sich Matilda in der Geschichte?
- Warum schämt sie sich?
- Was glaubst du, wie Zoé sich fühlt, als ihre Murmeln verschwunden sind?
- Wie löst Matilda die Situation auf?
- Wie hätte sie sich anders verhalten können?
- Was hättest du an Matildas Stelle gemacht?
- Wie könnte die Geschichte weitergehen?
- Hast du dich auch schon einmal geschämt?
- Wie fühlt es sich für dich an, wenn du dich schämst?
- Wo in deinem Körper spürst du die Scham?
- Was kann dir helfen, wenn du dich schämst?
- Hast du auch schon einmal etwas, das du getan hast, bereut?
- Was kannst du tun, wenn du etwas bereust?

Elisa beim Arzt

Themen | körperliche Scham, Arztbesuch

Material | Aufsteller „Elisa“, Frau (Mama), Arzt (Dr. Steiner), Bruno Bär, 2 Stühle, Arztutensilien (Otoskop, Holzstäbchen, Stethoskop)

Hinweis zur Durchführung | Wenn die Utensilien des Kinderarztes zum Einsatz kommen, können die Kinder sich gegenseitig mit Utensilien aus dem Spielzeug-Arztkoffer untersuchen.

„Elisa Hartmann, bitte in Zimmer 2!“ **Elisa** schluckt. Sie sitzt mit **Mama** im Wartezimmer beim Kinderarzt. **Bruno Bär**, ihren besten Plüschfreund und Begleiter, hat sie auch dabei. Jetzt ist Elisa an der Reihe. Langsam steht sie auf. Mama hält ihr schon ungeduldig die Hand hin. An Mamas Hand geht Elisa den langen Flur entlang. Bruno Bär hält sie mit der anderen Hand fest umklammert. Die Tür mit der großen Zwei steht einen Spalt weit offen. Gerade als sich Elisa und Mama auf die beiden **Stühle** setzen wollen, kommt auch schon Dr. Steiner, der **Arzt**, herein. Er lächelt freundlich: „Hallo Elisa! Wie geht es dir?“

Elisa schweigt. Erst als Mama sie anstupst, sagt sie leise: „Gut.“ – „Sehr schön, dann wollen wir mal sehen“, sagt Dr. Steiner und nimmt ein silbernes Gerät von seinem Schreibtisch. „Mit dem **Otoskop** prüfe ich, ob deine Ohren gesund sind“, sagt er und hält das seltsame Ding an Elisas Ohr. Das Ding fühlt sich kalt an und kitzelt ... Elisa muss kurz grinsen. Als Nächstes zückt Dr. Steiner ein **Holzstäbchen**: „Sag mal Aaah“, bittet er und legt das Stäbchen auf Elisas Zunge. „Alles paletti in Hals und Rachen“, lautet das Ergebnis. Elisa hustet kurz und streicht mit ihrer Hand über Bruno Bärs weiches Fell.

Dann nimmt Dr. Steiner das **Stethoskop** zur Hand und steckt sich die runden Stöpsel in beide Ohren: „Würdest du bitte deinen Pulli ablegen, damit ich dich abhören kann?", fragt der Kinderarzt. Elisa spürt, wie ihr die Hitze in die Wangen steigt. Sie fühlt sich unwohl. Sie mag ihren Pulli nicht ausziehen. Und schon gar nicht vor Dr. Steiner! Sie presst die Lippen aufeinander, verschränkt die Arme vor der Brust und macht einen Schritt zurück.

„Ich möchte deinen Rücken und deine Brust abhören", erklärt Dr. Steiner und schaut Elisa erwartungsvoll an. Doch Elisa will sich nicht ausziehen. Sie senkt den Kopf. Sie schämt sich. Am liebsten würde sie in einem Mauseloch verschwinden. Stattdessen drückt sie sich fest an Mamas Bein. Mama legt ihr beruhigend eine Hand auf die Schulter.

„Was hältst du davon", fragt Dr. Steiner, „wenn ich zuerst deinen Bären abhöre?" Elisa überlegt kurz. Dann nickt sie erleichtert. Dr. Steiner ist wirklich nett! Sie hält dem Kinderarzt Bruno Bär hin … und der ist jedenfalls kerngesund!

Reflexionsfragen:

- Wie fühlt sich Elisa in der Geschichte?
- Warum schämt sie sich?
- Was hätte Elisa sagen können, um sich zu erklären?
- Wie löst der Kinderarzt die Situation auf?
- Wie könnte die Geschichte weitergehen?
- Hast du dich auch schon einmal geschämt?
- Wie fühlt es sich für dich an, wenn du dich schämst?
- Wo in deinem Körper spürst du die Scham?
- Was kann dir helfen, wenn du dich schämst?

Buchtipps

Ab 3 Jahren

Imlau, Nora:
Und was fühlst du, Känguru?
Carlsen, 2022
ISBN 978-3-551-17180-1

Imlau, Nora:
Was weinst du denn so viel, kleines Krokodil?
Carlsen, 2023
ISBN 978-3-551-17006-4

Llenas, Anna:
Das Farbenmonster
Velber, 2022, 9. Auflage
ISBN 978-3-8411-0195-2

Neßhöver, Nanna:
Wenn ich ängstlich bin
Carlsen, 2022
ISBN 978-3-551-52138-5

Neßhöver, Nanna:
Wenn ich traurig bin
Carlsen, 2021
ISBN 978-3-551-51916-0

Neßhöver, Nanna:
Wenn ich wütend bin
Carlsen, 2019
ISBN 978-3-551-51838-5

Ab 4 Jahren

Brooks, Felicity & Allen, Frankie:
Gefühle – So geht es mir
Usborne, 2019
ISBN 978-1-78941-138-6

Percival, Tom:
Benni brüllt
Loewe, 2023
ISBN 978-3-7432-1365-4

Percival, Tom:
Sophias Sorge
Loewe, 2021
ISBN 978-3-7432-1116-2

Ab 5 Jahren

Eckartsberg, Elisa:
Du bist also meine Angst?
Juniek, 2021, 5. Auflage
ISBN 978-3-9822647-0-7

Eckartsberg, Elisa:
Wut, wofür bist du denn gut?
Juniek, 2022, 2. Auflage
ISBN 978-3-9822647-1-4

Geisler, Dagmar:
Was mach ich nur mit meiner Trauer?
Loewe, 2020, 2. Auflage
ISBN 978-3-7432-0239-9

Geisler, Dagmar:
Wohin mit meiner Wut?
Loewe, 2023, 9. Auflage
ISBN 978-3-7855-7578-9

Kreul, Holde:
Ich und meine Gefühle
Loewe, 2022, 6. Auflage
ISBN 978-3-7855-7293-1

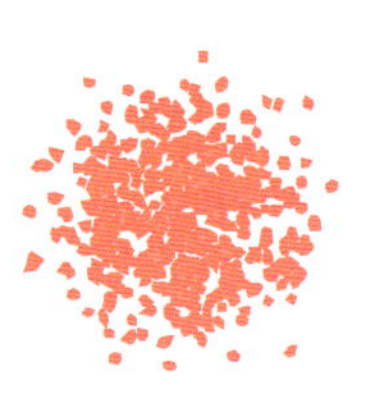

Gefühlsuhr

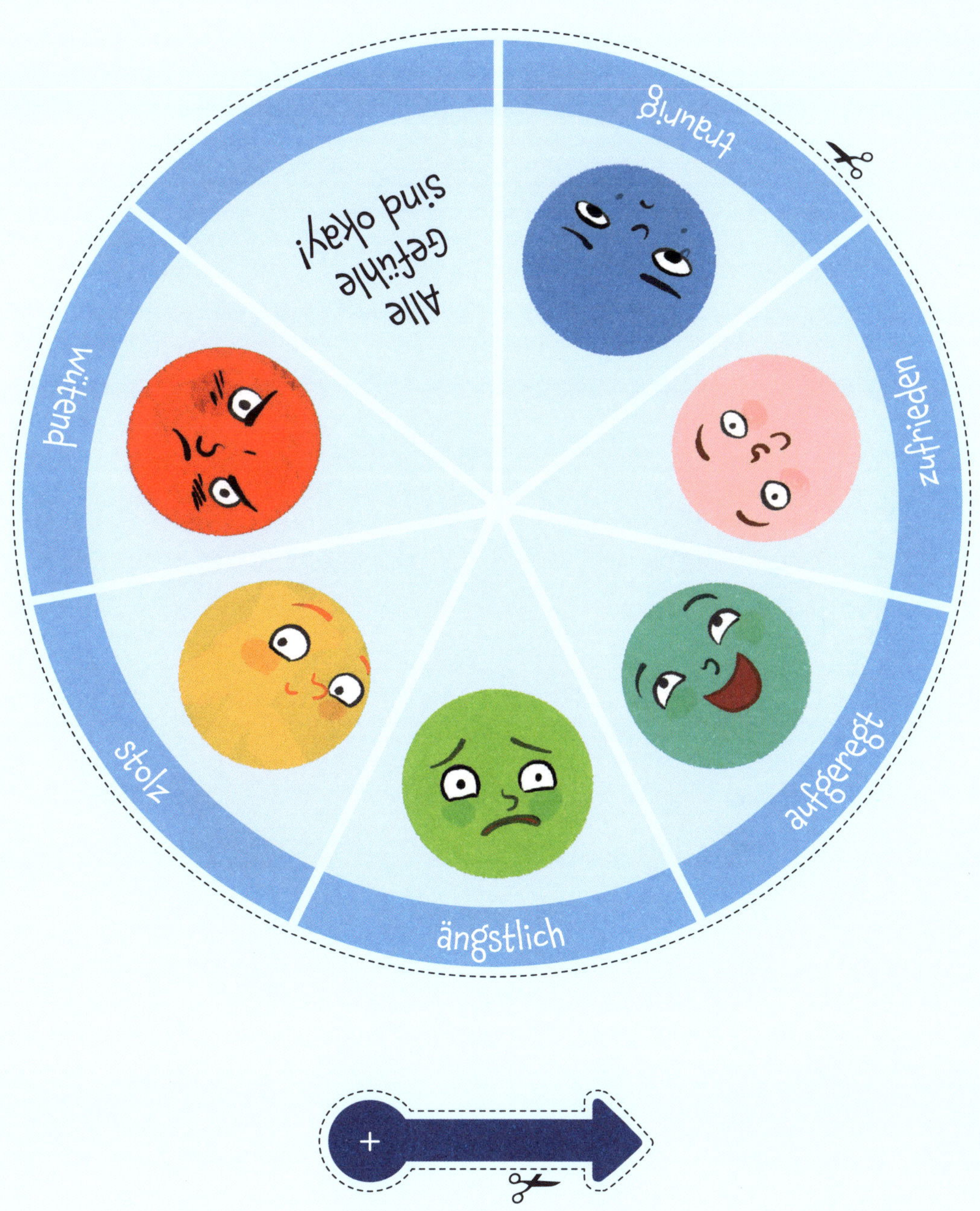
traurig
zufrieden
aufgeregt
ängstlich
stolz
wütend
Alle Gefühle sind okay!
+

Gefühlskarten 1/3

Gefühlskarten 2/3

Gefühlskarten 3/3